# Sell in May and go away?

JESSICA SCHWARZER

## Was die Börsenweisheiten von Kostolany, Buffett und Co heute noch taugen

Covergestaltung: Johanna Wack
Gestaltung, Satz und Herstellung: Martina Köhler
Lektorat: Egbert Neumüller
Druck: GGP Media GmbH, Pößneck

ISBN 978-3-86470-125-2



Bibliografische Information der Deutschen Nationalbibliothek:
Die Deutsche Nationalbibliothek verzeichnet diese Publikation in der
Deutschen Nationalbibliografie; detaillierte bibliografische Daten
sind im Internet über <http://dnb.d-nb.de> abrufbar.

Postfach 1449 • 95305 Kulmbach
Tel: +49 9221 9051-0 • Fax: +49 9221 9051-4444
E-Mail: buecher@boersenmedien.de
www.books4success.de
www.facebook.com/books4success

# Inhalt

# Vorwort von Gottfried Heller

Eines der ersten Bücher, das je über die Börse geschrieben wurde, war „Confusión de Confusiones“ von José de la Vega. Es erschien 1688 in Amsterdam in spanischer Sprache. Der deutsche Titel lautet „Verwirrung der Verwirrungen“. Darin ist schon von der „Schwierigkeit der Börsensprache“ und dem „Rätsel des Börsengeschäfts“ die Rede. Aber de la Vega hatte auch schon vor 325 Jahren die Erkenntnis gewonnen, dass die Erwartung einer Tatsache für die Börse wichtiger sei als die Tatsache selbst.

André Kostolany, über 30 Jahre mein Freund und Partner, hat dieses Phänomen, wonach Aktien meist vor einem erwarteten, positiven Ereignis steigen, aber oft, nachdem es eingetreten ist, fallen, mit dem Begriff „fait accompli“ – zu Deutsch „vollendete Tatsache“ – umschrieben.

In den gut drei Jahrhunderten seit Erscheinen des Werkes von de la Vega sind Hunderttausende weiterer Bücher zum Thema Geld und Börse auf den Markt gekommen. Man möchte meinen, dass die Verwirrung über die Börse geklärt und dass alles gesagt sei, was es zu diesem Thema zu sagen gibt. Das wirft die Frage auf, ob mit diesem Buch die Inflation der Börsenbücher nicht unnötig noch weiter vergrößert werden soll, oder ob es wirklich etwas Neues und Nützliches darin zu finden gibt.

Warum also noch ein Buch über die Börse? Die Antwort: Dies ist gar kein Buch über die Börse, das etwa eine neue Lehre, Methode, Theorie, Strategie oder ein System verkündet, sondern es ist eine Sammlung von Börsenweisheiten.

Die Börsenliteratur ist gespickt mit Sprüchen aller Art. Manche sind platt, manche sogar dumm und falsch, aber viele bringen eine Börsenweisheit auf den Punkt. Sie sagen in wenigen Sätzen oft mehr als die sprichwörtlichen 1.000 Worte.

„Ein guter Aphorismus ist die Weisheit eines ganzen Romans in einem einzigen Satz", sagte der Schriftsteller Theodor Fontane.

Ob eine Börsenweisheit gut und treffend ist oder nur ein dummer Spruch, der in die Irre führt, das erfahren Sie in diesem Buch. Die Autorin präsentiert viele Börsensprüche, die taugen, aber auch einige, die nicht taugen. Ein Kapitel heißt: „Beim Denken ans Vermögen leidet oft das Denkvermögen."

Wie wahr das ist, hat schon der englische Staatsmann William Gladstone mit diesen Worten ausgedrückt: „Zwei Dinge pflegen die Menschen um den Verstand zu bringen: die Liebe und das Geld."

Jessica Schwarzer hat keine Enzyklopädie von Börsensprüchen verfasst, sondern sie hat Aphorismen einiger weniger gewitzter, herausragender, erfahrener und erfolgreicher Größen aus der Börsengeschichte auserwählt. In der Beschränkung zeigt sich der wahre Meister!

Gleich im ersten Kapitel räumt sie, und das freut mich ganz besonders, ein Missverständnis über den berühmten Spruch von Kostolany mit den Schlaftabletten aus der Welt. Es wird behauptet – auffallend oft von Bankern –, Kostolany habe eine „Buy and hold"-Strategie propagiert, die heutzutage nicht mehr funktioniere. Die Haltedauer war überhaupt nicht der Kern dieses Spruchs. Vielmehr war es ein psychologischer Rat meines Freundes, um die Anleger vor ihren eigenen Dummheiten und Fehlreaktionen zu schützen. Sie sollten – sinnbildlich – schlafen, sodass sie gar nicht mitkriegen, wenn es an den Finanzmärkten blitzt und kracht.

Der Mensch ist ja bekanntlich das schwächste Glied in der Anlegerkette. Schon Professor Benjamin Graham, der Lehrer der Investmentlegende Warren Buffett, sagte: „Der Anleger ist wahrscheinlich sein eigener schlimmster Feind." Kostolany hat diese Wahrheit in seiner unnachahmlichen Art in ein sprachliches Bild gepackt. Es ist natürlich verständlich, dass Investmentbankern eine „Buy and hold"-Strategie missfällt, denn Umsatzprovisionen sind Teil ihres Geschäftsertrags.

Bei vielen Börsensprüchen muss man daher erst fragen, von wem sie stammen. Steckt vielleicht geschäftliches Eigeninteresse dahinter? Einer der Sprüche in dieser Kategorie lautet: „An Gewinnmitnahmen ist noch keiner gestorben." Stimmt, aber es ist auch noch keiner reich geworden damit.

Ein anderer heißt „Timing ist alles". Der sehr erfolgreiche Manager des Fidelity Magellan Fund, Peter Lynch, sagte dagegen einmal: „Timing ist totale Zeitverschwendung. Ich habe noch nie einen Timing-Experten in der *Forbes*-Liste der reichsten Menschen gefunden."

Tatsächlich zeigen Untersuchungen bei US-Pensionsfonds, dass langfristig der weitaus größte Anteil ihrer jährlichen Renditen der richtigen Wahl der Anlageklassen – vor allem dem Anteil von Aktien – sowie der kompakten Struktur der Depots zuzuschreiben war, während Aktienauswahl und Timing nur einen geringeren Beitrag beisteuerten.

Meine persönliche Erfahrung ist: „Langfristig anlegen – Time (die Zeitachse) und nicht Timing schafft Werte und spart Kosten."

Dieses Buch ist alles andere als ein trockenes Sachbuch, durch das man sich durchquälen muss. Ganz im Gegenteil: Es ist gespickt mit gewitzten, geistreichen, oft bildhaften, leicht verständlichen, einprägsamen Weisheiten. Dieses Buch bietet den Leserinnen und Lesern das Kondensat, die Quintessenz, von teils schmerzlichen, teils erfreulichen Erfahrungen von erfolgreichen Investoren, die sie vor Fehlern bewahren und ihnen zu klugen Investments verhelfen können.

*Gottfried Heller im September 2013*

# 1

Kaufen Sie ein Portfolio solider internationaler Aktien, nehmen Sie Schlaftabletten und schauen Sie die Papiere nicht mehr an. Nach einigen Jahren werden Sie eine angenehme Überraschung erleben.

Aktien kaufen und dann liegen lassen, das gilt heute fast schon als hochriskant. Schließlich schwanken die Märkte viel zu stark, reißen Portfolios in die Tiefe und vernichten binnen weniger Tage Milliarden. Oder sie heben ab wie eine Mondrakete, laut und begleitet von den „Ohs" und „Aahs" der Anleger – Börse extrem. Wenn Sie in Aktien investieren, sind Sie diesem nervenaufreibenden Treiben schonungslos ausgesetzt.

In Zeiten heftiger Börsenturbulenzen klingt die wohl bekannteste Anlagestrategie, nämlich „Buy and Hold", zu Deutsch „Kaufen und Halten", also reichlich antiquiert. Als einer ihrer Väter gilt der Börsenaltmeister André Kostolany. Sein berühmtester Ratschlag war, einige solide internationale Standardwerte zu kaufen, dann in die Apotheke zu gehen, Schlaftabletten zu kaufen, einzunehmen und ein paar Jahre zu schlafen. Wer diesen Rat befolgt, soll beim Aufwachen eine angenehme Überraschung erleben: satte Kursgewinne.

Kann das heute wirklich noch funktionieren? André Kostolany ist inzwischen seit vielen Jahren tot. Der gebürtige Ungar musste die beiden verheerenden Börsenabstürze in den Jahren 2001 und 2008 sowie die Auswirkungen der Euro-Schuldenkrise auf die Märkte nicht mehr miterleben. Natürlich kannte auch Kosto, wie seine Anhänger ihn genannt haben und noch heute nennen, Hausse und Baisse, erlebte schwarze Börsentage und platzende Spekulationsblasen. Jedoch nicht in der Intensität und Geschwindigkeit, wie wir sie heute kennen.

Spätestens seit der Finanzkrise 2008/2009 mehren sich deshalb die Stimmen, die den Buy-and-Hold-Ansatz gern für überholt erklären. Das Hauptargument der Kritiker der Schlaftabletten-Metapher heißt: Die Kurse schwanken immer häufiger und immer stärker, stabile Trends sind passé. Anlegern, die sich auf das Paradigma des Börsenaltmeisters verlassen würden, drohe ein böses Erwachen. Auch der bekannte Börsenexperte Max Otte hat in seinem Buch „Endlich mit Aktien Geld verdienen" im Sommer 2012 vor Kostolanys Schlaftabletten gewarnt. In turbulenten Zeiten würde das nicht helfen, schreibt der Wirtschaftsprofessor von der Fachhochschule Worms.

Ganz unberechtigt ist die Kritik an der so unkomplizierten Regel nicht. Die (Börsen-)Welt ist heute eine andere als zu Zeiten Kostolanys, der schon Ende der 1960er-Jahre zu den bekanntesten Börsenkommentatoren der jungen Bundesrepublik gehörte. Die weltweiten Märkte sind heute viel stärker vernetzt, Investoren agieren in Nanosekunden-Schnelle rund um den Globus. Gerüchte breiten sich in Windeseile an der New Yorker Wall Street und in den Handelssälen in Frankfurt, London oder Singapur aus. Computer regieren das Börsengeschehen. Trends kommen und gehen immer schneller. Es wandelt sich alles viel zu schnell, um ein Portfolio zusammenzustellen und dann für 10 oder 20 Jahre liegen zu lassen, sind die Kritiker der Schlaftabletten-Metapher überzeugt.

Das stimmt natürlich, die Favoriten von heute sind nicht zwangsläufig die Favoriten von morgen. Schauen Sie sich nur den DAX an, dessen Zusammensetzung heute völlig anders aussieht als noch bei seiner Gründung Ende der 1980er-Jahre. Die Favoriten der Anleger wechseln. Wenn Sie ein Portfolio zehn Jahre unverändert lassen und nicht behutsam an die sich sehr schnell ändernde Welt anpassen, sei „Buy and Hold" eine gefährliche Strategie, lautet die Warnung. Und die warnenden Stimmen haben recht: Der Erfolg hängt dann natürlich sehr davon ab, wann Sie das Portfolio aufgesetzt haben und mit welchem Schwerpunkt.

Sollten Sie im Oktober 1999 Ihr Aktienportfolio mit Technologie- und vor allem Internetwerten bestückt haben, hätten Sie bis März 2000 eine gute Zeit gehabt, danach dann aber leider zehn schlechte Jahre. Auch deutsche Anleger, die seit Jahren die Deutsche Telekom oder die Commerzbank im Depot haben, dürften alles andere als glücklich sein.

Nicht nur mit einzelnen Branchen oder Aktien haben Anleger in den vergangenen Jahren ein böses Erwachen erlebt. Beispiel DAX: Die „verlorene Dekade“ zu Anfang des Jahrtausends, die die deutschen Standardwerte negativ abgeschlossen haben, wird gern gegen das Liegenlassen ins Feld geführt. Für US-Aktien lief es nicht besser. Wirtschafts-Nobelpreisträger Paul Krugman schlug daher vor, den Zeitraum von 2000 bis 2010 „Die große Null“ zu nennen. Unterm Strich sei „vor allem nichts passiert“, schrieb Krugman in der *New York Times*. Angesichts solcher Kursentwicklungen können Anlegern natürlich Zweifel kommen. Lohnen sich Aktieninvestments überhaupt noch?

Pauschal kann ich das nicht beantworten. Eine solche Betrachtung ist stichtagbezogen. Denn in den vergangenen zehn Jahren hat der DAX knapp 130 Prozent zugelegt. Wer also drei Jahre später eingestiegen ist, hat die besseren Jahre erwischt. Auf Sicht von 15 Jahren hat der DAX allerdings „nur“ knapp 70 Prozent gewonnen – der Crash verhagelt die Bilanz etwas. Auf längere Sicht fällt der Absturz aber schon gar nicht mehr ins Gewicht: In den vergangenen 20 Jahren hat sich der Kurs des Standardwerte-Barometers nämlich mehr als verdreifacht. Ähnlich sieht es bei den amerikanischen Standardwerten aus.

Das spricht für „Buy and Hold“ und ist das Hauptargument der Befürworter dieser Strategie. Auch ich bin überzeugt: Durchhalten und Sparen ist insbesondere in volatilen Marktphasen sinnvoll. Denn über lange Anlagezeiträume hinweg lassen sich kurzfristige Marktschwankungen am ehesten ausgleichen.

Natürlich ist es nicht immer leicht, wenn es kracht, die Ruhe zu bewahren. Genau das ist es nämlich, was Kostolany mit seiner

Schlaftabletten-Metapher meinte. Sein Ausspruch ist weniger dogmatisches „Buy and Hold“ als eine klare Warnung vor Überreaktionen. Er wollte uns davor schützen, hektisch zu handeln, gar in Panik zu verfallen. Als mein Depot inmitten der Kapitalmarktwirren der Jahre 2008 und 2009 einen empfindlichen Rückschlag erlitten hat, kamen auch mir Zweifel und ich habe kurz über einen Ausstieg nachgedacht. Zum Glück habe ich durchgehalten. Heute ist der Rücksetzer nichts anderes als eine zwischenzeitliche Delle – mit meiner langfristigen Performance bin ich zufrieden.

Je langfristiger Sie Ihr Geld investieren, desto größer ist die Wahrscheinlichkeit, Geld zu verdienen. Wer bei der Geldanlage nur kurzfristig denkt, investiert nicht nur risikoreicher, sondern lebt auch stärker in Angst um seine Investments. Manch einem raubt es den Schlaf.

Diese Angst war in den Krisen-Monaten 2011 deutlich zu spüren. Besonders extrem war das im August und September, als die Börsen regelrecht crashten. Von knapp 7.500 ging es mit hoher Dynamik binnen kürzester Zeit runter auf weniger als 5.000 Punkte. Viele Privatanleger, die wahrscheinlich erst spät, vielleicht bei 5.200 Punkten, ausgestiegen sind, dürften bei knapp unter 5.000 Punkten wohl kaum mehr eingestiegen sein. Doch schon im Februar 2012 notierte der Index wieder bei fast 6.800 Punkten. Diesen Aufschwung haben viele dann nicht mitgemacht. Oder sie sind aus Panik bei höheren Kauf- als Verkaufskursen wieder eingestiegen – damit haben sie ihre Rendite empfindlich geschmälert und ihre Nerven auf eine Zerreißprobe gestellt.

Dabei wäre es deutlich entspannter gegangen: Langfristanleger, die in der Lage sind, ihre Aktien eine Weile sich selber zu überlassen und nicht bei jedem Kurssturz panisch ihre Papiere auf den Markt werfen, schlafen ruhiger. Studien habe außerdem ergeben, dass sie häufig sogar erfolgreicher sind. Auch im turbulenten Börsensommer

2011 wäre es besser gewesen, die Ruhe zu bewahren und investiert zu bleiben. Denn es folgten viele gute Börsenmonate und im Mai 2013 hat der DAX dann sein bisheriges Allzeithoch von damals mehr als 8.100 Punkten geknackt.

## An der Börse funktioniert „Laissez-faire"

Nun könnten Sie natürlich sagen, hinterher sei man immer schlauer und im Grunde sei auch dieses Beispiel stichtagbezogen. Ja, das stimmt. Doch Experimente haben gezeigt, dass das „Laissez-faire" an der Börse sehr wohl funktioniert. Die beiden amerikanischen Wissenschaftler Brad Barber und Terrance Odean fanden in einer Studie heraus, dass die aktivsten Händler weniger erfolgreich waren als die relaxten Liegenlasser. Die beiden Ökonomen untersuchten fünf Jahre lang, nämlich von 1991 bis 1996, das Anlageverhalten von rund 66.000 Haushalten. Während die aktiven Trader gerade einmal eine Rendite von 11,4 Prozent einfuhren, konnten sich diejenigen, die ihre Aktien langfristig eher in Ruhe ließen, über einen Gewinn von immerhin 18,5 Prozent freuen.

Ausdauer ist beim Geldanlegen wichtiger als der richtige Ein- und Ausstiegspunkt. Eine Studie der Investmentgesellschaft Fidelity hat bewiesen, dass die Haltedauer einen weitaus größeren Einfluss auf die Wertentwicklung hat. Die US-Fondsgesellschaft hat das Phänomen anhand verschiedener Indizes untersucht. Beispiel MSCI Germany, der große und mittelgroße Werte enthält und mehr als 80 Prozent des deutschen Marktes abbildet: Wer im Jahr 1982 die Aktien aus dem Index am Tag ihres Höchststands gekauft und sie Ende Juni 2012, also 30 Jahre später, wieder verkauft hat, hat ein jährliches Plus von 6,39 Prozent erzielt. Wer im Jahr 1982 zum Tiefststand eingestiegen ist, hat im selben Zeitraum mit 6,96 Prozent Plus pro Jahr nur wenig mehr Gewinn erwirtschaftet.

Ähnlich fällt das Ergebnis bei amerikanischen Aktien aus: Haben Anleger etwa vor 30 Jahren den Aktienindex MSCI US bei dessen niedrigstem Stand gekauft und die Papiere im Juni dieses Jahres wieder verkauft, konnten sie ein Plus von 8,99 Prozent pro Jahr verbuchen. Haben sie den Index im selben Jahr an einem beliebigen Tag gekauft – in der Fidelity-Studie ist das der 30. Juni –, brachte ihnen das im selben Zeitraum 8,75 Prozent pro Jahr ein, also nur unwesentlich weniger.

Der Einstiegszeitpunkt spielt bei einer derart langfristigen Geldanlage also eine geringere Rolle, als wir vielleicht glauben. Allerdings hat Fidelity bei diesem Rechenbeispiel den Zinseszinseffekt außer Acht gelassen, der sich über einen Zeitraum von 30 Jahren natürlich durchaus bemerkbar macht. Kostolany-Anhänger dürfen sich bestätigt fühlen.

Wer jedoch zwischenzeitlich auf seinen Depot-Auszug geschaut hat, dem könnten auch einige Zweifel an der Liegenlassen-Strategie gekommen sein. Zwar liefern Aktien langfristig die beste Rendite aller Anlageklassen, doch die Schwankungsbreite ist groß. Wenn Sie zu einem ungünstigen Zeitpunkt in den Aktienmarkt eingestiegen sind, können Sie unter Umständen auch nach mehreren Jahren keine Kursgewinne vorweisen. Im Gegenteil: Wer beispielsweise im Frühjahr 2000 vom allgemeinen Börsenhype animiert auf dem historischen Hoch DAX-Papiere kaufte, hat über viele Jahre hinweg unter dem Strich keine positive Wertentwicklung vorzuweisen. Der DAX erreichte erst im Mai 2013, also 13 Jahre später, das Niveau, auf dem er damals stand.

Das Beispiel zeigt: Ist Ihr Anlagehorizont kurz, weil Ihnen vielleicht bis zur Rente nur wenige Jahre für die private Vorsorge zur Verfügung stehen oder Sie in den kommenden Jahren eine große Anschaffung planen, sollten Sie die Aktienquote in Ihrem Depot entsprechend anpassen. Das Risiko von Rückschlägen am Aktienmarkt ist einfach zu groß. Haben Sie aber für Ihren Vermögensaufbau noch einige Jahrzehnte Zeit, können Sie mehrere schlechte Börsenjahre problemlos aussitzen. Wer etwa 1993 in den DAX investierte, hat zwar auch die DAX-Durststrecke im ersten Jahrzehnt unseres Jahrtausends ertragen müssen – seinen Einsatz hat er jedoch dank anderer, sehr guter Börsenjahre bis heute mehr als verdreifacht.

Wie lang es mitunter dauern kann, bis sich die Aktienmärkte von schweren Krisen erholen, zeigt ein Blick in die Geschichtsbücher. Nach der Weltwirtschaftskrise Anfang der 1930er-Jahre hat es 22 Jahre gedauert, bis Anleger ihre Einstiegskurse von 1929 wiedersahen. In jüngster Vergangenheit waren zwei kurz aufeinanderfolgende globale Schocks für die lange Durststrecke an den Aktienmärkten verantwortlich. Erst platzte Anfang des Jahrtausends die Technologieblase und vernichtete drei Viertel des Börsenwerts. Der DAX fiel binnen drei Jahren von gut 8.000 auf 2.187 Punkte. Weg waren die schönen Gewinne aus der Börsenrallye. Schlimmer noch: Dicke Verluste prangten auf dem Depotauszug.

Und zu allem Überfluss mussten wir dann auch noch in der Zeitung lesen, dass der renommierte Robert Shiller von der Universität Yale den Börsen harte Zeiten voraussagt. Seiner Meinung nach waren nämlich seit Anfang der 1980er-Jahre die Gesetze der Ökonomie durcheinander geraten, weil die Börsenkurse sehr viel stärker zugelegt hatten, als die etablierten Volkswirtschaften gewachsen waren. Damals erzielten Anleger mit US-Aktien Jahr für Jahr inflationsbereinigte Renditen von zwölf Prozent. Wer auf den DAX spekulierte, kam zwischen 1980 und 2000 jährlich auf 13 Prozent, in den Boom-Jahren zwischen 1994 und 1999 sogar auf 26 Prozent pro Jahr.

Shiller prophezeite damals, die Extreme würden sich rächen. Über kurz oder lang müssten die Erträge aus Kursgewinnen und

Dividenden zu ihrem langjährigen Mittel von sieben Prozent zurückkehren. Langfristberechnungen zeigen nämlich, dass einer Phase mit überdurchschnittlichen Renditen stets eine lange Zeit sehr magerer Börsenjahre folgt. Die Realität gab Shiller recht. Zwar stieg der DAX nach dem Platzen der Internetblase in nur vier Jahren um 270 Prozent, weil die Notenbanken mit ihren niedrigen Zinsen die Konjunktur anheizten und die Finanzmärkte mit Geld fluteten. Das Geld floss hauptsächlich in Immobilien. Doch die Freude währte nur kurz. Der zweite globale Schock – die geplatzte Immobilienblase samt Bankenkrise und Rezession – halbierte die Börsenkurse erneut.

Nun können Sie natürlich sagen, es wäre doch cleverer gewesen, auf dem Hoch der Rallye zu verkaufen, in schwachen Jahren der Börse fernzubleiben und erst am Tiefpunkt wieder einzusteigen. Nur wann haben die Börsen ihr Hoch erreicht, wann kommt der Absturz? Wann ist der Boden erreicht und es geht wieder aufwärts? Das weiß niemand. Was wir aber wissen ist, dass die Börsen immer stärker schwanken und Trends immer schneller enden. Gleich zwei große Spekulationsblasen sind in jüngster Vergangenheit geplatzt – Dotcom und US-Immobilien. Die politischen Risiken sind immens, Notenbanken bestimmen immer stärker, wohin die Börsen gehen.

## Kostolanys Rat bewahrt vor Überreaktionen

Gelassen à la Kosto zu bleiben ist in solchen Zeiten sicherlich das Beste. Denn wenn Sie ständig handeln, Ihr Depot im Monatstakt oder noch kurzfristiger an die Nachrichtenlage und an vermeintlich neue Trends anpassen, werden Sie unweigerlich Fehler machen. Und diese Fehler kosten Geld – in Form von Gebühren, aber vor allem in Form von ausbleibender Rendite. Der renommierte Vermögensverwalter Gottfried Heller hat es im Dezember 2012 auf den Punkt gebracht: „Kostolany wollte Anleger aufgrund ihrer Psyche vor

Fehlreaktionen bewahren", sagte er im Interview mit den *VDI Nachrichten*. „Bei starken Kursrückschlägen sollten panikartige Verkäufe vermieden werden. Kräftigen Kursanstiegen sollte man nicht kopflos hinterherhetzen. Der Verlauf der Börsen in den vergangenen 40 Jahren zeigt, wie recht Kostolany hat." Heller investiere jahrzehntelang Seite an Seite mit dem legendären Kostolany. Gemeinsam gründeten sie vor mehr als 40 Jahren die Fiduka-Depotverwaltung. Die Botschaft ist also klar: Anleger müssen in der Lage sein, auf Zeit zu spielen. Statt des ausgebufften Taktikers ist ein cleverer Stratege gefragt.

Wer behauptet, „Buy and Hold" habe ausgedient, hat also die Kapitalmärkte nicht verstanden? Etwa überspitzt formuliert, aber die Antwortet lautet: Ja. Denn der Kerngedanke der Strategie lautet: Vorhersagen über künftige Kursverläufe lassen sich nicht mit Sicherheit treffen. Im Rückblick lassen sich natürlich immer bessere Strategien finden. Doch niemand kennt die Muster der Zukunft. Und genau deshalb bleibt uns nichts anderes übrig, als optimal mit der Unsicherheit der Märkte umzugehen: „Buy and Hold", und das mit einem wohl diversifizierten Portfolio.

Denn Ausdauer zahlt sich aus an der Börse. Das war in der Vergangenheit so, das ist heute noch so und das bleibt in Zukunft so. André Kostolany wusste das übrigens schon vor vielen Jahren. Er sagte einst: „Das große Geld kann man an der Börse nur auf lange Sicht und mit antizyklischem Verhalten machen. Dazu braucht es Disziplin, Mut und Erfahrung." Wer lange durchhält, bekommt mehrere Chancen, seine Aktien gewinnbringend zu verkaufen. Natürlich immer vorausgesetzt, Sie suchen sich dabei die richtigen Unternehmen aus, erwischen nicht gerade die Höchstkurse und vor allem keine Pleitekandidaten.

Das sind natürlich Argumente, die eine ganz besondere Spezies nicht gelten lassen wird: die Trader oder gar Day-Trader. Sie hoffen, mit dem schnellen Geschäft an der Börse schnelles Geld zu machen. Die eifrigsten kommen auf Hunderte Kauf- und Verkaufsorders im Monat. „Jederzeit auf dem Sprung“ lautet ihr Motto, sie sind quasi die Protagonisten der Anti-Schlaftablettenfraktion. Die Börse als Spielkasino.

Doch es sind nicht nur die hyperaktiven Day-Trader, die den Finger ständig auf der Enter-Taste haben, um einen neue Order aufzugeben. Auch viele „normale“ Anleger sind auf der Jagd nach dem schnellen Geld und versuchen, durch Umschichten oder Ausstieg aus dem Markt Verluste zu vermeiden und dann rechtzeitig, also möglichst auf dem oder nahe dem Tiefpunkt, wieder einzusteigen, um die Gewinne im Aufwärtstrend möglichst vollständig einzufahren. Es scheint, als hätten die volatilen Märkte in den vergangenen Jahren zu einem grundlegenden Wandel im Anlageverhalten der Privatanleger geführt. Kurzfristige Investments und schnelles taktisches Agieren, um Marktausschläge nach oben oder unten mitzunehmen, dominieren.

„Market-Timing“ nennt sich diese Strategie, der Gegenentwurf zu „Buy and Hold“. Dieses kurzfristige Denken kann natürlich durchaus Teil der persönlichen Anlagestrategie sein, sollte aber nie die Gesamtstrategie bestimmen. Denn den richtigen Zeitpunkt für den kurzfristigen Ein- und Ausstieg zu treffen grenzt an Glücksspiel. Ohne Kristallkugel und einen klaren Blick hinein ist die Zukunft einfach unsicher und nicht vorhersehbar.

Lassen Sie lieber die Finger von diesem Glücksspiel oder setzen Sie zumindest nur einen geringen Teil Ihres Kapitals ein. Natürlich gibt es auch erfolgreiche Day-Trader, von ihnen lesen wir immer wieder. Von den vielen, die ein enorm hohes Lehrgeld zahlen, hören wir seltener. Meistens ist es nämlich so, dass die Alternative zur Strategie des langen Atems höchstens zufällig einmal funktioniert.

„Buy and Hold“ ist natürlich kein Dogma. Was Sie einmal gekauft haben, muss nicht für immer in Ihrem Depot schlummern. Auch muss die Schlaftabletten-Strategie nicht die Ausrichtung des gesamten Portfolios diktieren. Gottfried Heller rät beispielsweise zu einem umschlagarmen, aber nicht umschlaglosen Depot. In der Praxis heißt das, dass Sie nach drei bis fünf Jahren durchaus Teile des Depots umschichten und so auf Änderungen im Markt reagieren sollten. Den Kern aber sollten Sie weit über fünf Jahre hinaus halten. Egal, was die Märkte machen. Heller schwört bei den Kerninvestments auf Blue Chips aus den Branchen Nahrungsmittel und Pharmazie. Ähnlich macht es übrigens auch US-Investor Warren Buffett, ein weiterer Fan langfristiger Investitionen.

Kostolanys Rat sollte also sicherlich nicht wörtlich genommen werden. Die Lehre des Börsenaltmeisters sollte in Zeiten turbulenter Börsen noch um einen Aspekt ergänzt werden: Überprüfen Sie das Portfolio regelmäßig. Sie müssen aber nicht monatlich den Depotauszug studieren. Es reicht, einmal jährlich zu überprüfen, ob die Aufteilung – zu Börsendeutsch Allokation – auf die verschiedenen Anlageklassen noch den persönlichen Zielen entspricht. Vielleicht müssen Sie Ihre Investments auch von Zeit zu Zeit an Ihre persönliche Risikobereitschaft anpassen – etwa wenn der Aktienanteil nach einer guten Börsenphase zu hoch geworden ist. Es kann durchaus sinnvoll sein, einen Teil der Gewinne aus Werten, die gut gelaufen sind, mitzunehmen. Und trennen Sie sich von Titeln, an die Sie nicht mehr glauben – auch wenn es wehtut.

## Mehr Gelassenheit bei der Geldanlage

Auch Gottfried Heller warnt davor, das Depot sich selbst zu überlassen. „Der eine oder andere Fonds verschlechtert sich immer mal“, sagt er im Interview mit *Handelsblatt Online*. „Anleger sollten auf keinen Fall zu viel hin und her handeln, weil die Banken und andere ihnen eingeredet haben, dass man immer mal wieder einen Gewinn mitnehmen müsse. Das ist der größte Blödsinn. Wenn Sie eine gute Aktie haben, dann bleiben Sie sitzen!" Er plädiert für ein wenig mehr Gelassenheit bei der Geldanlage: „Dieses tägliche Informiertsein macht die Leute nur nervös, es erweckt den Eindruck, dass sich ständig viel ändert, aber so ist es tatsächlich nicht", so Heller. „Man muss nicht dauernd mit offenen Augen schlafen und die Kurse verfolgen."

Bei aller Kritik gilt die bekannteste der Kostolany-Weisheiten also auch heute noch. Lassen Sie sich nicht verunsichern von dem Argument, dass mit Aktien eigentlich nichts zu holen sei, nur weil die Statistik es über einen bestimmten Zeitraum so auswirft. Langfristig bringt keine Anlageklasse mehr Rendite. Es gibt viele positive Beispiele, bei denen „Buy and Hold" wunderbar aufging. Warren Buffett ist einer großer Verfechter dieser Theorie, und wie wir wissen, fährt er sehr gut damit. Er wurde mit dieser Strategie zu einem der reichsten Männer der Welt.

Aber überinterpretieren Sie die Schlaftabletten-Strategie bitte auch nicht. Es ist völlig falsch, sie als reine „Kaufen und Halten"-Empfehlung ohne Einschränkungen zu verstehen. Vielmehr ist dieser Rat zum Schutz der Anleger gedacht, um sie vor dem hektischen Auf und Ab der Finanzmärkte abzuschirmen und sie vor dummen Fehlreaktionen zu bewahren – beispielsweise in Panik zu Tiefstständen oder in Euphorie zu Höchstkursen zu kaufen.

Doch genau hier hat die Strategie, so bewährt sie auch ist, einen Haken. Wir müssen unsere Psyche überlisten. Menschen haben nämlich leider das Bedürfnis, Kontrolle auszuüben, aktiv zu sein, das Steuer selbst in die Hand zu nehmen. Im Leben vielleicht eine gute Einstellung, an den Kapitalmärkten sicherlich nicht. Denn eine andere Strategie als „Buy and Hold“ lässt Anleger ohne Glaskugel schnell Bekanntschaft mit einer weiteren, geflügelten Börsenweisheit schließen: „Hin und Her macht Taschen leer.“

# 2

# Hin und Her macht Taschen leer.

Von Kostolanys Schlaftabletten wollen viele Anleger einfach nichts hören. Auf der Jagd nach der maximalen Rendite schichten sie ihre Depots immer wieder um. Ihre Strategie ist quasi der Gegenentwurf zu „Buy and Hold". Sie versuchen, immer auf diejenigen Anlageklassen zu setzen, die gerade besonders gut laufen. Was nur eine magere Rendite bringt, fliegt erbarmungslos aus dem Depot. Sie trauen sich zu, zu erkennen, wenn ein Trend dreht. Dann schichten sie um – in der Hoffnung auf hohe Kursgewinne mit dem neuen Investment. Sie sind wie Wettspieler auf der Pferderennbahn, die immer den Gaul wechseln. Wie Weinliebhaber, die ständig auf der Suche nach einer neuen Rebsorte sind.

Schön, wenn diese Strategie aufgeht. Das geschieht aber leider nur in den wenigsten Fällen. Was sie aber tut: Sie kostet Geld. Bei jeder Order fallen Gebühren – und gegebenenfalls Steuern – an. Das nagt an der Rendite und kann sie bei allzu häufigem Hin und Her sogar völlig aufzehren. Vielen Anlegern ist das aber gar nicht bewusst. Wissen Sie ganz genau, was Ihre letzte Order gekostet hat? Falls Ihre Antwort Nein lautet, sind Sie damit nicht allein. Der Normal- oder Kleinanleger kennt oft nicht einmal alle anfallenden Kosten, die beim Hin- und Herschaufeln der Wertpapiere anfallen, geschweige denn ihre genaue Höhe. Verbraucherschützer warnen deshalb immer wieder, dass bei der Wertpapierorder meistens erst einmal Banken und Vermittler auf ihre Kosten kommen.

Kein Wunder, dass Experten vor häufigem Umschichten des Depots warnen. Kaum eine Börsenweisheit ist so unumstritten wie diese: „Hin und Her macht Taschen leer." Die einfache Regel warnt vor ständigem Kaufen und Verkaufen sowie den damit verbundenen Kosten. Auch Star-Investor Warren Buffett kann der Hyperaktivität vieler Anleger wenig abgewinnen. „Aktivität korreliert an der Börse nicht mit Erfolg", warnt er. Buffett muss es wissen, schließlich gehört er zu den erfolgreichsten Anlegern der Welt. Er hat viele Aktien bereits seit Jahrzehnten im Depot. Doch so gut wie niemand beherzigt die Regel. Noch nicht einmal die Profis. Banken und Fonds kaufen und verkaufen permanent, das Geld der Kunden muss jeden Tag neu investiert werden.

Privatanleger tappen immer wieder in die Gebührenfalle – mit Direktinvestments in Aktien oder Anleihen ebenso wie durch ihre Fondskäufe. Je nach Broker und Handelssumme oder auch Anlageprodukt können die Gebühren immens sein, gerade bei kleinen Aufträgen.

Beim Kauf mancher Fonds beispielsweise fallen Ausgabeaufschläge in Höhe von fünf Prozent an – fünf Prozent, die ein Fonds erst wieder einfahren muss. Wer also öfter seine Fonds auswechselt, sollte genau nachrechnen, ob sich der Wechsel in das vermeintlich bessere Produkt wirklich rechnet: Fonds-Hopping frisst die Rendite. Und zu den oft hohen Ausgabeaufschlägen können je nach (Online-)Broker oder Bank noch weitere Gebühren kommen.

Ordergebühren zahlen Anleger auch beim Kauf oder Verkauf von Aktien, Anleihen und Exchange-Traded Funds (ETFs). Rund ein Prozent der Anlagesumme berappen Kunden bei Filialbanken. Direktbanken sind oft günstiger. Bei der Comdirect beispielsweise zahlten Anleger im Mai 2013 ein Grundentgelt von 4,90 Euro plus 0,25 Prozent des Ordervolumens – mindestens 9,90 Euro bei Orders bis 2.000 Euro und maximal 59,90 Euro. Und je häufiger umgeschichtet wird, desto höhere Kurssprünge sind notwendig, damit es sich lohnt.

Natürlich zahlen kostenbewusste Anleger heute längst nicht mehr so viel wie vor 10 oder 20 Jahren. Dank Internet und Onlinebanken sind die Gebühren deutlich geschrumpft. Trotzdem sind sie ein Faktor, den Sie bei Ihrer Geldanlage nicht verdrängen sollten. Das Beispiel der Fonds mit Ausgabeaufschlag ist sicher am deutlichsten.

Zwar gibt es bei Fondsvermittlern und Direktbanken oft 50 Prozent und mehr Rabatt auf den Ausgabeaufschlag und auch die Handelsgebühren sind gesunken. Trotzdem kostet Umschichten immer Geld, wie der Gebührenvergleich zeigt. Auch bei Aktien- und Anleiheorders fallen Gebühren an, wenn auch deutlich geringere. Diese Kosten setzen sich bei gewöhnlichen Börsenaufträgen aus den Börsengebühren sowie den Transaktionskosten des Brokers zusammen und variieren sowohl von Broker zu Broker als auch von Börse zu Börse.

Und da kann einiges zusammenkommen, wie ein Vergleich von Onlinebrokern im Sommer 2013 zeigt: Extrem aktive Börsianer werden kräftig zur Kasse gebeten. Wer pro Jahr 250 Orders in Höhe von durchschnittlich 2.000 Euro aufgibt, zahlt dafür – bei einem angenommenen Depotwert von 300.000 Euro – beim günstigsten Anbieter 1.450 Euro. Wer nicht so genau hingesehen hat und sich für den teuersten Anbieter entschieden hat, zahlt satte 6.250 Euro pro Jahr. Diese Summe muss erst einmal an der Börse reingeholt werden, bevor der Anleger unter dem Strich Geld verdient. Auch bei weniger aktiven Börsianern sind die Unterschiede groß: Ein durchschnittlicher Kunde mit acht Orders pro Jahr, die im Schnitt ein Volumen von 5.500 Euro haben, und einem Depotvolumen von 65.000 Euro zahlt beim günstigsten Broker knapp 50 Euro, beim teuersten 200 Euro – immerhin das Vierfache.

Völlig außer Acht lassen viele Privatanleger den sogenannten Spread. Denn beim Verkauf von börsengehandelten Wertpapieren gilt der niedrigere Geldkurs, beim Kauf dagegen wird der höhere Briefkurs in Rechnung gestellt. Die Differenz, den Spread, kassiert der Börsenmakler oder bei Zertifikaten der jeweilige Emittent. Dieser Spread fällt unterschiedlich aus. Faustregel: Je liquider Wert und Markt, desto geringer fällt auch die Geld-Brief-Spanne aus. Bei großen Werten aus dem DAX oder seinem amerikanischen Pendant

Dow Jones ist der Spread kaum von Bedeutung. Je kleiner und je exotischer ein Wertpapier, desto teurer wird es. Bei SDAX-Werten kann die Differenz aber schon bei einem Prozent liegen, bei Unternehmen aus Schwellenländern der Spread sogar zweistellig ausfallen. Für Anleihen gilt dasselbe.

Spreads sind übrigens keine feste Größe, sondern verändern sich laufend. Sie gehen auseinander, wenn das Risiko steigt. Bricht der Markt zusammen, lassen sich Papiere also nur mit besonders hohen Abschlägen verkaufen.

## Gierige Renditejäger liegen oft falsch

Investoren wurmen diese Kosten, trotzdem versuchen sie immer wieder, durch Umschichten ihre Rendite zu erhöhen – oder zumindest Verluste zu vermeiden. Anleger unterliegen der Macht der Emotionen. Angst oder Gier treiben sie zum Handeln, die Kosten werden dabei oft ausgeblendet.

Die Jagd nach noch mehr Rendite ist auch gar nicht so einfach. Wir wissen zwar, was in der Vergangenheit gut gelaufen ist. Die Renditebringer der Zukunft können wir aber nicht genau vorhersagen. Deshalb besteht die große Gefahr, dass die Renditejäger falsch liegen.

Wie schnell das schiefgehen kann, zeigen zwei Beispiele. Erinnern Sie sich noch an die Rallye der Internetaktien? Jeder wollte dabei sein. Viele, die Mitte der 1990er-Jahre konservative Aktien gekauft hatten, erlagen der Gier und tauschten sie um die Jahrtausendwende gegen Internetaktien ein. Leider viel zu spät, nämlich nahe dem Höhepunkt. Dann folgte der Absturz. Verkauft wurde oft auch erst zu spät – und damit aus Angst vor noch höheren Verlusten die Erholung verpasst. Privatanleger haben also nicht nur auf das falsche Pferd gesetzt, sondern mussten auch für jeden Favoritenwechsel blechen.

Im Sommer 2011 war Ähnliches zu beobachten. Als der DAX im Sog der Euro-Schuldenkrise binnen kürzester Zeit 1.000 Punkte einbüßte, zogen viele Privatanleger aus Angst vor noch stärkeren Verlusten die Reißleine. Sie verpassten allerdings den Wiedereinstieg und damit eine fast ebenso rasante Erholung. Sollten sie aber doch wieder eingestiegen sein, dann haben sie auf jeden Fall eine Menge Gebühren bezahlt. Hin und Her macht Taschen leer.

Wie schwierig es ist, die jeweils renditestärkste Anlageklasse zu erwischen, zeigt die Wertentwicklung von Aktien, Anleihen und Rohstoffen in jüngster Zeit. Im Jahr 2012 wären Sie am besten mit deutschen Aktien gefahren, sie legten fast 30 Prozent zu. US-Aktien schafften immerhin gut fünf Prozent, Gold aber nur 3,4 Prozent. In den beiden Jahren 2010 und 2011 wäre es am lukrativsten gewesen, in das gelbe Edelmetall investiert zu sein. Dagegen schlugen 2009 europäische Aktien Gold knapp. 2008 hätten Anleger mit Anleihen die Nase vorn gehabt. Von 2003 bis 2005 liefen Aktien am besten – aber nicht immer dieselben. Deshalb sollten Sie Ihren Entscheidungen langfristig treu bleiben und nicht der Versuchung zum Wechseln erliegen. Denn das neue Produkt muss sich besser entwickeln als das bisherige, schon allein um die beim Wechsel fälligen Gebühren und Steuern auszugleichen. Sonst erleiden Sie tatsächlich Verluste.

Doch nicht nur die Kosten sind das Problem, sondern vor allem das richtige Timing. Erinnern Sie sich nur an das Experiment der beiden amerikanischen Forscher Brad Barber und Terrance Odean, die nachgewiesen haben, dass sehr aktive Börsianer Rendite verschenken. Zur Erinnerung: US-Anleger konnten zwischen 1991 und 1996 im Durchschnitt eine jährliche Rendite von 16,4 Prozent erzielen. Die 20 Prozent handelsaktivsten Investoren schafften nur 11,4 Prozent.

Diese Untersuchungsergebnisse stammen aus dem Vor-Internet-Zeitalter. Die heutige Informationsflut, gepaart mit den teils heftigen

Schwankungen an den Börsen, verleitet zusätzlich zu hektischem Rein und Raus. Im Internet steht alles dauernd ungefiltert zur Verfügung – der klügste Anlagetipp und die dümmste Latrinenparole. Die schlechtere Performance der Viel-Trader hat das Institut für Vermögensaufbau sogar bei Profis nachgewiesen. Vermögensverwalter, die am meisten umschichten, bringen die schlechtesten Ergebnisse. Das zeigte eine Studie, für die die Experten immerhin mehr als 2.000 Fonds unter die Lupe genommen haben. Auf Sicht von zehn Jahren konnten nicht einmal ein Drittel der Aktienfonds nach Kosten ihre Benchmark übertreffen. Von den flexibleren Mischfonds haben sogar nur 6,7 Prozent den Markt geschlagen.

Wie stark die Kosten am Vermögen nagen, zeigt das folgende Rechenbeispiel: Investiert ein Anleger 10.000 Euro mit einer jährlichen Rendite von drei Prozent und lässt sie liegen, werden daraus in zehn Jahren 13.439 Euro. Veräußert er die Anteile allerdings nach fünf Jahren, weil er auf eine vermeintlich lukrativere Chance setzen will, verlangt der Fiskus 25 Prozent vom bisher erzielten Gewinn. Von den in diesen fünf Jahren angesparten 11.593 Euro bekommt der Staat Steuern in Höhe von 398 Euro (ohne Solidaritätszuschlag und Kirchensteuer und vorausgesetzt, für die Geldanlage gilt schon die Abgeltungsteuer).

## Kosten sind der größte Feind der Rendite

Dem Anleger bleiben dadurch nur noch 11.195 Euro, die er neu investieren kann. In diesem Fall müsste er also in den folgenden fünf Jahren schon eine Wertentwicklung von 3,7 Prozent pro Jahr erzielen, damit er nach einem Jahrzehnt ebenfalls über 13.439 Euro verfügt.

Das Beispiel zeigt: Kosten sind der größte Feind der Rendite – langfristig, also auf Sicht mehrerer Jahre, aber vor allem auch kurzfristig. Trotzdem gibt es sogenannte Day-Trader, die durch schnelles

Kaufen und Verkaufen – oft binnen weniger Minuten – hohe Gewinne erzielen möchten. Für sie sind die Gebühren noch viel entscheidender. Ein „Day-Trader" achtet deshalb sehr akribisch darauf, so kostengünstig wie möglich vorzugehen. Denn jedes Geschäft kostet. Um die Börsengebühren zu umgehen, handeln viele aktive Trader außerbörslich und nutzen gerne kostenfreie Trading-Aktionen. Denn auch ihnen ist natürlich bewusst: Jeder Cent an Gebühren schmälert ihre Rendite und muss erst einmal verdient werden.

Daher sollten sich Anleger, bevor sie sich für einen Broker entscheiden, darüber im Klaren sein, wie viele Geschäfte sie pro Jahr tätigen, und die Brokerwahl gezielt daran ausrichten. Das gilt auch für normale Privatanleger, die sich für einen Onlinebroker oder eine Filialbank entscheiden. Extrem aktive Kunden verhandeln mit ihren Brokern teils auch die Konditionen. Die können je nach Aktivität des Anlegers auch bei den einzelnen Brokern unterschiedlich hoch sein. Verlangt der Broker eine Mindestgebühr, sind die Kosten bei kleinen Aufträgen prozentual höher als bei größeren Volumina. Die Anleger riskieren pro Kauf tendenziell immer weniger, weshalb die Kosten häufig umso stärker ins Gewicht fallen.

Viele Finanzexperten bezweifeln übrigens, dass Day-Trader dauerhaft erfolgreich sein können. Es ist zwar grundsätzlich nicht ausgeschlossen, innerhalb von kurzer Zeit durch das tägliche Handeln mit Wertpapieren an der Börse zu einem Vermögen zu kommen. Aber schon professionelle Anleger benötigten sehr viel Erfahrung, Zeit und Fleiß sowie eine gehörige Portion Kapitalrücklage, um die verlustreichen Phasen und Rückschläge zu überstehen und zu verkraften.

Auch der bekannte Fondsmanager Christoph Bruns ist skeptisch. „Der kurzfristige Handel an der Börse ist ein Geschäft für professionelle Adressen", sagt er, der selbst die Fondsboutique Loys anführt.

„Sie haben die technischen und personellen Ressourcen, um dieses Geschäft profitabel zu betreiben." Heute wird der Handel zunehmend von Computerprogrammen gesteuert, die eine schnelle Signalauswertung und -umsetzung ermöglichen. „Daran kann man erkennen, dass für Privatanleger hier kein Platz ist, weil die professionellen Wettbewerber bessere Erfolgsvoraussetzungen mitbringen", so Bruns. Übersetzt heißt das für Privatanleger: Hin und Her macht Taschen leer.

Die Weisheit richtet sich also vor allem gegen das Day-Trading. Sie ist ein Plädoyer für die langfristige Geldanlage. Transaktionskosten und Emotionen sind im kurzfristigen Handeln eine Bürde. Anleger sollten sich eher auf mittel- bis langfristige Trends konzentrieren.

Immer mehr Anleger nehmen sich allerdings – ob bewusst oder unbewusst – diese Börsenweisheit zu Herzen. Das ist nicht zuletzt an dem klaren Trend zu passiven Strategien zu erkennen. Vor allem börsengehandelte Indexfonds – sogenannte Exchange-Traded Funds (ETFs) – werden immer beliebter. ETFs bilden die Entwicklung von Indizes, egal ob auf Aktien, Anleihen, Währungen oder Rohstoffe, nahezu eins zu eins ab. Mit ETFs können Sie Vermögen langfristig auf verschiedene Märkte streuen und nur alle paar Jahre Korrekturen vornehmen. Das ist aber natürlich nicht im Interesse der Banken, denn die ETFs sind sehr günstig. Banken verdienen an ihnen kaum. Die Kosten liegen nur bei einem Bruchteil der Ausgabeaufschläge und Managementgebühren aktiv gemanagter Fonds. Allerdings erzielen Sie mit Indexfonds auch immer nur die Performance des jeweiligen Index, auf den Sie setzen – nicht mehr, aber auch nicht weniger.

Wenn Sie breit streuen und sich dabei lieber auf die Kompetenz von Profis verlassen möchten, können Sie den „Wechselzwang" auch durch einen Mischfonds umgehen. Diese aktiv gemanagten Fonds bieten einen Mix aus verschiedenen Anlageklassen – je nach Fonds von Aktien über Anleihen und Geldmarktprodukte bis hin zu Rohstoffen und Immobilien. Verbraucherschützer raten aber, sich die Produkte genau anzuschauen. Hin und Her kann nämlich auch passieren, ohne dass Sie einen Finger rühren – nämlich wenn Sie Anteile an einem Investmentfonds besitzen. Schließlich handeln die Fondsmanager ständig und auch dabei fallen Kosten an, die an der Rendite nagen.

Verbraucherschützer raten vor allem von teuren Dachfonds oder Fondspolicen ab, die gleich auf mehreren Ebenen Kosten haben. Investmentfonds würden immer mehr dazu übergehen, ihren gesamten Fondsbestand übers Jahr mindestens einmal umzuschlagen, so die Warnung. Die dadurch verursachten Transaktionskosten wurden bisher immer klein geredet. Diese sollen aber – anders als mit einem halben Prozent angenommen – bei Aktienfonds im Schnitt sogar deutlich über ein Prozent betragen, glaubt man den Verbraucherschützern. Diese Transaktionskosten fallen also zusätzlich zu den eigentlich bekannten Verwaltungskosten eines Fonds an.

Doch es sind nicht nur die anfallenden Kosten, die einen Wechsel unattraktiv machen können. „Hin und Her macht Taschen leer" gilt mehr denn je, seit Anfang 2009 die Abgeltungsteuer eingeführt wurde. Kursgewinne aus Wertpapieren, die seither gekauft wurden, werden nun mit satten 25 Prozent besteuert. Und zwar egal, wie lange Sie die Papiere im Depot hatten. Eine Spekulationsfrist, nach der Sie Gewinne wie früher steuerfrei einstreichen können, gibt es nicht mehr. Ein schlechtes Geschäft für Anleger, ein gutes für den Fiskus. Gewinne aus den bis Ende 2008 gekauften Wertpapieren unterliegen zum Glück nicht der Abgeltungsteuer. Gewinne aus Gold- und Silbermünzen oder -barren sogar auch dann nicht, wenn sie seit Anfang 2009 gekauft wurden. Hauptsache, seitdem ist ein Jahr vergangen. Bei Xetra-Gold, ETFs oder anderen Gold- und Silberprodukten schlägt der Fiskus aber genau wie bei Aktien oder Anleihen erbarmungslos zu, sobald Sie Ihren mickrigen Freibetrag von 801 Euro pro Person ausgeschöpft haben.

## Hin und Her füllt die Kassen der Banken

Es gibt übrigens Experten, die meinen, die Abgeltungsteuer befeuere das wilde Zocken. Schließlich ist es auf einmal egal, wie lange ein Anleger Aktien oder andere Wertpapiere hält. Die einjährige Haltedauer gibt es ja nicht mehr. Und genau das sei geradezu eine Einladung zum Trading. Ich sehe das etwas anders, aber wie dem auch sei: Hin und Her macht Taschen leer, füllt aber die Kassen der Banken, die das Trading deshalb bewerben, als sei es eine ewig munter sprudelnde Gewinnquelle.

Noch ein bisschen teurer wird es voraussichtlich ab 2014. Mit der Spekulationssteuer wollen voraussichtlich elf EU-Staaten die Finanzmärkte bremsen und Geldhäuser an den Kosten der Krise beteiligen. Mit 0,1 Prozent besteuert werden dann Verkäufe von Aktien, Anleihen und andere Geschäfte wie das Leihen von Wertpapieren. Auf Derivate, mit denen viel höhere Summen bewegt werden als mit Aktien, fällt nur eine Steuer von 0,01 Prozent an. Eigentlich soll die Steuer, die offiziell Finanztransaktionssteuer heißt, vor allem Banken und andere professionelle Investoren treffen und riskante Geschäfte an den Finanzmärkten zurückzudrängen. Beispielsweise den Hochfrequenzhandel, bei dem Akteure in Sekunden riesige Summen bewegen, die zu drastischen Ausschlägen an der Märkten führen können. Oder Geschäfte mit Derivaten, bei denen Investoren mit geringem Kapital mit gigantischen Beträgen spekulieren, was bei Fehlspekulationen den Betroffenen und verbundene Banken, Versicherer oder andere Akteure in die Tiefe reißt – und damit im schlimmsten Fall die nächste Finanzkrise auslöst.

Doch die Steuer trifft auch Privatanleger. Denn sie muss jeder bezahlen, der mit einem der betreffenden Finanzprodukte handelt – professionelle Investoren wie Hedgefonds oder Banken, die Milliarden bewegen, genauso wie Privatanleger. Letztere müssen jährlich 2,6 bis 3,6 Milliarden Euro schultern, hat das Deutsche Aktieninstitut ausgerechnet, weil die Steuer unmittelbar fast alle Altersvorsorge-Produkte betrifft: Aktien, Anleihen, Investmentfonds und Lebensversicherungen. Ein durchschnittlicher Riester-Fondssparer muss den Berechnungen zufolge auf gut zehn Prozent dieser staatlich geförderten Rente verzichten. Wie stark es normale Anleger trifft, hängt natürlich davon ab, wie oft sie selber an der Börse handeln und welche Finanzprodukte sie im Depot haben. Wenn Sie oder Ihr Finanzpartner viel weniger umschichten, sind die Steuerlasten viel geringer. Fakt ist aber: Es kommen weitere Kosten auf Sie zu.

Kaum eine Börsenweisheit ist wohl so wahr wie „Hin und Her macht Taschen leer“. Frauen scheinen das übrigens eher verinnerlicht zu haben als Männer. Es gibt nämlich klare Unterschiede zwischen den Geschlechtern, wie eine Studie der DAB Bank zeigt. Frauen stehen mehr zu ihren Investments und handeln seltener. Während sie durchschnittlich nur 3,1 Transaktionen pro Jahr durchführten, kauften oder verkauften die Männer 6,9-mal Wertpapiere. Männer wechseln übrigens gerade bei steigenden Kursen oft hektisch von einem Papier ins andere, statt an gut laufenden Aktien einfach festzuhalten. Die vielen Transaktionen bringen ihnen keine Zusatzerträge, kosten sie dafür aber hohe Gebühren. Das ist übrigens auch eine Erklärung dafür, dass die grundsätzlich risikofreudigen Männer selbst in guten Börsenjahren die Frauen nicht oder kaum schlagen. Wer häufig kauft und verkauft, der macht nur die Bank reich und wird dabei selbst arm. Das scheinen Frauen viel eher begriffen zu haben als Männer.

Sehen Anleger sich genauer an, welche Folgen hektisches Wechseln zwischen zwei Investments hat, dürften sie sich meist dagegen entscheiden. Hektik ist ein schlechter Ratgeber, vor allem an der Börse. Es ist für den Privatanleger eben sehr schwierig, durch Hin und Her seine Taschen voller zu machen – meist macht er sie dadurch leerer. Setzen Sie lieber auf das gleiche Pferd. Gewinner sind so schnell nicht zu schlagen.

# 3

# Lege nicht alle Eier in einen Korb.

Viele Börsenweisheiten klingen nach klugen Kalendersprüchen, diese hier ein bisschen nach dem guten Ratschlag einer besorgten Bauersfrau: „Lege nicht alle Eier in einen Korb." Schließlich wären alle Eier kaputt, würde der Korb herunterfallen. Sicherer ist es, die Eier auf mehrere Körbe zu verteilen. Es werden schon nicht alle gleichzeitig auf dem Boden landen.

Ähnlich läuft es mit der Geldanlage: Wer sein Vermögen nur in eine Anlageklasse – also einen Korb – wie etwa Aktien investiert, geht ein enormes Risiko ein. Schließlich ist die Entwicklung des Portfolios dann auch nur von dieser Assetklasse abhängig. Stürzen die Aktienbörsen weltweit ab, rauscht auch der Depotwert in die Tiefe. Wer breiter investiert, also sein Geld auf Aktien, Anleihen, Rohstoffe und Immobilien verteilt, kann den Absturz einzelner Anlageklassen besser abfedern. Denn der einzelne Korb hat dann weniger Gewicht. Es ist weniger drin, was kaputtgehen kann.

Klingt logisch. Risikostreuung oder auf Börsendeutsch Diversifikation nennen Anlageprofis das. „Nicht alle Eier in einen Korb legen" lautet deshalb auch eine bekannte Börsenweisheit. Es ist die goldene Regel der Kapitalanlage, preisgekrönt noch dazu. Der Amerikaner Harry Markowitz bekam für seine moderne Portfoliotheorie im Jahr 1990 den Nobelpreis für Wirtschaftswissenschaften.

Ganz ohne die Hilfe eines Computers erforschte Markowitz bereits in den 1950er-Jahren das Verhältnis von Risiko und Rendite. Dabei wies der 1927 geborene Wirtschaftswissenschaftler nach, dass eine breite Streuung auf mehrere Anlageklassen – also Aktien, Anleihen, Gold oder Immobilien – die Absturzgefahr im Depot senkt. Mit seinen Forschungserkenntnissen wurde der Amerikaner, der schon früh seine Begeisterung für Physik, Astronomie und Philosophie entdeckt hatte, zu einer Art Kultfigur der Finanztheorie.

Jahrzehntelang setzten Anleger weltweit seine Prinzipien um, ein halbes Jahrhundert lang galten sie gar als unumstößlich.

Der Grundgedanke: Jede Anlageklasse reagiert unterschiedlich auf Entwicklungen an den Finanzmärkten. Vereinfacht gesagt steigt bei winterlichen Minusgraden der Absatz gefütterter Winterstiefel, während Sandalen nicht gefragt sind. Bei sommerlicher Hitze ist es genau umgekehrt.

Übersetzt bedeutet das: Wenn eine Anlageform in Turbulenzen gerät, ist eine andere gar nicht betroffen oder entwickelt sich möglicherweise sogar positiv. Dieser Zusammenhang wird beim Vergleich Aktien- und Rentenmärkte besonders deutlich. Wenn der Aktienmarkt abstürzt, suchen die Anleger Sicherheit und schichten in der Regel in Anleihen um – und umgekehrt.

Nur auf die gerade besser laufende Anlageklasse zu setzen ist aber viel zu gefährlich. Wir wissen schließlich nicht, wann der nächste Crash kommt. Deshalb gilt es, das Depot wetterfest zu machen. Markowitz ging es darum, dass sich Investoren mit verschiedenen Investments möglichst wenig der Unberechenbarkeit der Börsen aussetzen. „Ein gutes Portfolio ist mehr als eine lange Liste von Wertpapieren", lautete der Kernsatz seiner „Portfolio Selection". Wer in seinem Depot folglich Wertpapiere kombiniert, deren Kursentwicklungen kaum voneinander abhängen – sich also nicht im Gleichklang bewegen und nur wenig miteinander korreliert sind, kann sein Verlustrisiko minimieren und zugleich seine Chance auf Erträge erhöhen. Frei nach Markowitz lässt sich beispielsweise in einem Aktienportfolio das Aktienrisiko durch Beimischung von Anleihen senken. Sein wegweisendes Werk wurde im März 1952 – der Amerikaner war gerade 24 Jahre alt – im *Journal of Finance* veröffentlicht.

Doch wie sieht ein ideales Depot nach Markowitz aus? Es reicht natürlich nicht aus, wenn Sie wahllos in verschiedene Anlageklassen investieren. Ein bisschen komplizierter ist die Theorie des Nobelpreisträgers schon. Harry Markowitz beschreibt in seiner „Portfolio Selection" die optimale Zusammenstellung eines Depots und berücksichtigt dabei Risiken und Erträge aus der Vergangenheit. Dann errechnet er verschiedene Kombinationen von Ertrag und Risiko bei unterschiedlichen Mischungen der Wertpapiere beziehungsweise Indizes. Dabei kommt er zu dem Ergebnis: Ein Mix von Vermögensformen ist sinnvoller als beispielsweise nur in Aktien oder nur in Rentenpapiere zu investieren. Sehr langfristig bieten Aktien zwar ein bis zwei Prozent mehr Rendite als Anleihen, schwanken aber kurzfristig ungefähr viermal stärker im Wert.

Es braucht nicht mehr als 35 verschiedener Werte im Depot, so das Ergebnis des Wirtschaftswissenschaftlers, um einen idealen Mix aus Risikominimierung und Renditechance zu erreichen. Doch das Ganze hat einen Haken, denn in der Realität ist der Aufbau eines Portfolios komplexer. Um die Aussagekraft seiner Theorie zu erhärten, nimmt Markowitz nämlich an, dass die Abhängigkeiten der einzelnen Anlageklassen an den Märkten stabil seien – also beispielsweise Aktien immer steigen, wenn Anleihekurse fallen und umgekehrt. Doch so einfach wie mit der relativ vorhersagbaren Nachfrage nach Sandalen im Sommer und gefütterten Stiefeln im Winter ist es an der Börse leider nicht. Dort ändern sich die Korrelationen zwischen Anlageklassen und einzelnen Wertpapieren ständig. Und deshalb bleibt Investoren höchstens eine Annäherung an den Idealzustand.

## Wer die Welt im Depot hat, ist dabei, wenn irgendwo die Kurse steigen

Vereinfacht gesagt können Sie versuchen, einfach alles zu haben. Experten empfehlen, möglichst marktbreit zu investieren. Die Idee dahinter: Wer die Welt im Depot hat, ist immer dabei, wenn irgendwo die Kurse steigen. Anleger sollten sich deshalb möglichst breit an den verschiedenen Märkten und Regionen aufstellen, sozusagen ein Welt-Depot bauen. Dafür verteilen sie ihr Kapital erst auf verschiedene Anlagearten, dann auf Regionen. In ein diversifiziertes Depot gehören nach Ansicht von Anlageexperten neben Aktien und Anleihen auch Immobilien, Rohstoffe und ein Anteil liquider Mittel.

Das Ziel der Diversifizierung erreicht, wer wenig korrelierte, also wenig voneinander abhängige Anlageklassen mischt und damit unterschiedliche Risiken zu verringern versucht. Mit Aktien, Immobilien und Rohstoffen setzt der Anleger auf Sachwerte und schützt sich gegen Inflation. Mit Alternativen zur Aktie dämmt er das Risiko von Kursverlusten ein. Mit verschiedenen Anleihen verringert der Investor Risiken der Zinsänderung und des Ausfalls einzelner Wertpapiere. Wer keine Währungsschwankungen im Depot mag, kann sie absichern. Berücksichtigen sollten Investoren aber, dass verschiedene Anlagearten zwar relativ gering miteinander korrelieren, dass es jedoch innerhalb der Anlagegruppen einen relativ starken Gleichlauf geben kann. Das muss aber nicht zwingend so sein. Ein Beispiel: Bei steigenden Zinsen verlieren konjunktursensible Aktien häufig an Terrain. Dafür legen Finanzwerte zu, entwickeln sich also gegenläufig.

Bei der Geldanlage bringt es oft sogar richtig gute Gewinne, die Eier auf verschiedene Körbe zu verteilen. Wer auf mehrere Körbe setzt, kann – ohne gleich das ganze Portfolio in Gefahr zu bringen – auch auf einen risikoreicheren setzen. Und das kann sich richtig lohnen, denn die profitabelsten Geldanlagen sind oft die riskantesten. Aktien aus fernen Ländern, die gerade erst am Anfang eines starken Wirtschaftsaufschwungs stehen, können beispielsweise absolute Renditebringer sein. Aber natürlich weiß vorher niemand, wie sich die Aktien aus solchen Ländern entwickeln werden und welches

Papier durchstarten wird. Sind die Wachstumsaussichten der Region gut und ist das Unternehmen gut aufgestellt, wird die Aktie wahrscheinlich früher oder später eine hohe Rendite bringen. Die Börsen der aufstrebenden Schwellenländer, auch Emerging Markets genannt, haben sich – auch wenn es zuletzt Rückschläge gab – über mehrere Jahre hinweg gut entwickelt und Anlegern hohe Gewinne eingebracht.

Aber das trifft eben nicht auf alle Aktien aus einer solchen Region zu. Manche bringen Ihnen exorbitant viel Geld ein, mit anderen verbrennen Sie viel Geld. Und dieses Verlustrisiko mögen Anleger gar nicht. Doch genau dagegen hilft gutes Verteilen. Wer das Geld auf viele verschiedene Aktien aufteilt, der wird mit einigen exorbitant hohe Gewinne einfahren und mit anderen hohe Verluste. Das Geld insgesamt wird aber wahrscheinlich im Durchschnitt einen relativ guten Gewinn abwerfen. Die Gefahr, richtig viel zu verlieren, ist dann deutlich geringer.

Es kommt also nicht darauf an, das Geld wahllos zu verteilen, sondern darauf, es gut zu verteilen. Doch daran scheitern viele Anleger. Dabei braucht es dafür noch nicht einmal eine komplizierte Nobelpreis-Formel à la Markowitz. Inzwischen hat die Forschung auch gezeigt, dass einfache Regeln genauso gut sein können wie die komplizierte Formel – Investoren müssen allerdings genau darauf achten, was sie kaufen. Das ist das Ergebnis einer Untersuchung des Mannheimer Finanzforschers Martin Weber. Er hat herausgefunden: Zu viel rechnen bringt nichts. Es ist schon in Ordnung, das Geld einfach gleichmäßig in verschiedene Geldanlagen aufzuteilen. Ein Topf für Aktien aus Europa, einer für Aktien aus Asien, große und kleine Länder sollten dabei sein, junge und alte Firmen, dann kommt ein Topf für Bundesanleihen hinzu, einer für Immobilien und so weiter. Markowitz light, sozusagen.

Einzige Voraussetzung für dieses Patentrezept der Risikooptimierung ist, dass die einzelnen Klassen sich in ihrer Entwicklung nicht beeinflussen. Genau daran ist die moderne Portfoliostrategie in der Finanzkrise aber gescheitert. Zwei Jahrzehnte nachdem Markowitz für seine Forschung den Nobelpreis erhalten hatte, zweifelten Investoren an der Richtigkeit seiner Theorie – und sie tun es noch heute. Denn während der Finanzkrise verbuchten auch nach Markowitz optimierte Depots herbe Verluste. Der erhoffte Schutz à la Markowitz blieb aus.

In der scharfen Abwärtsphase brachen praktisch alle Aktien ein, unabhängig von der Branche oder der Region. Hatten wir zuvor noch geglaubt, wir könnten beispielsweise Verluste von Aktien aus Industrieländern mit Gewinnen von Aktien aus Schwellenländern abfedern und umgekehrt, lehrte uns die Finanzkrise etwas anderes: Als die Panik in den Industrieländern losbrach, zogen deren Anleger auch ihr Geld aus Schwellenländern ab. Raus aus dem Risiko war die Devise – und Aktien aus den Emerging Markets gelten nun einmal als riskanter als Werte aus den entwickelten Nationen.

Doch es waren nicht nur Aktien, die empfindlich einbrachen. Fast alle Anlageklassen verbuchten starke Verluste. Aktien und Anleihen stürzten mehr oder weniger gleichzeitig ab. Viele Marktteilnehmer benötigten in dieser Phase flüssige Mittel und schmissen alles auf den Markt, was sich schnell versilbern ließ. Sie brachten ihr Pulver ins Trockene. Dadurch rutschten alle Papiere und alle Anlageklassen massiv ab. In solchen Zeiten sind nur noch sichere Häfen wie beispielsweise Gold oder Bundesanleihen gefragt, alles andere fällt. Allein im Jahr 2008 wurde an den Kapitalmärkten weltweit ein Vermögen von 16 Billionen Dollar vernichtet. Ich kann mich noch gut daran erinnern, wie die Gewinne in meinem Portfolio dahinschmolzen und sich mein Depotwert von Tag zu Tag verringerte.

Dabei hatte ich als Markowitz-Jüngerin doch eigentlich alles richtig gemacht.

Keine zehn Jahre nach dem Platzen der New-Economy-Blase stürzten die Märkte ein weiteres Mal empfindlich ab. Da half auch Markowitz nicht mehr. Die Basis seiner Theorie war damit erschüttert: Markowitz dachte nämlich, dass kleine Zuwächse und Verluste sehr häufig, große Kursausschläge dagegen sehr selten vorkommen. In der Wirklichkeit treffen extreme Bewegungen die Anleger aber weit häufiger, als es nach der Theorie zu erwarten wäre.

Waren Sie 2011 in deutsche Aktien investiert? Zeitweise lag der DAX bei 7.500 Punkten und stürzte dann binnen weniger Wochen auf einen Stand unter 5.000 Punkten ab. Extreme Turbulenzen, wie ich sie in meinem bisherigen Börsenleben noch nicht erlebt hatte. Es sollen übrigens die bis dato stärksten in der Geschichte der Aktienmärkte gewesen sein.

## Klassische Risikoeinschätzungen stimmen nicht mehr

Doch es sind nicht nur diese starken Schwankungen – im Frühjahr 2013 legte der DAX ja dann binnen zwei Wochen 700 Punkte zu und knackte sein Allzeithoch –, an die wir uns gewöhnen müssen. Spätestens seit der Pleite der US-Investmentbank Lehman Brothers gilt auch die klassische Einschätzung der Anlageklassen nicht mehr. Zumindest nicht mehr uneingeschränkt. Riskante Aktien, sichere Renten, solides Gold? Das war einmal. Die Korrelationen waren im Crash alles andere als stabil, womit eine weitere Annahme von Harry Markowitz in der Praxis ausgehebelt wurde.

Die Zusammenhänge, die sich in Phasen steigender Märkte zwischen verschiedenen Wertpapierklassen beobachten ließen, unterschieden sich grundsätzlich von denen in Crash-Phasen. Damit blieb der erhoffte Schutzeffekt durch Risikostreuung gerade dann aus, als wir ihn am dringendsten brauchten. Die verschiedenen Anlageklassen sind heute in ihrer Wertentwicklung stärker voneinander abhängig als noch vor einigen Jahrzehnten.

Selbst in ruhigen Zeiten an der Börse nimmt der Gleichlauf der Anlageklassen seit Jahren zu. Markowitz ging davon aus, dass Korrelationen konstant bleiben. Doch auch das stimmt heute nicht mehr, sie schwanken kurzfristig enorm. Für Anleger sind sie fast nicht mehr berechenbar. Mal laufen DAX und Ölpreis fast parallel, dann wieder in entgegengesetzte Richtungen.

Und auch das Risiko hat sich verändert. An den Rentenmärkten müssen Anleihen, die bislang als sicher galten, mit anderen Augen betrachtet werden. Spätestens seit Beginn der Griechenland-Krise stehen wir nun auch bei Staatsanleihen einer neuen Risikoquelle gegenüber. Das Emittentenrisiko galt bei europäischen Staatsanleihen vorher als höchstens theoretisch interessant, aber nicht als praktisch relevant. Die Schuldenkrise in Europa verdeutlicht, dass auch Anleihen staatlicher Emittenten nicht vor Zahlungsausfällen oder „Hair Cuts" – Neudeutsch für einen Schuldenschnitt, bei dem Investoren auf einen Teil ihres angelegten Geldes verzichten müssen – geschützt sind.

Der Kampf gegen die Schuldenkrise hat die Spielregeln an den Märkten verändert. In Zeiten, in denen Regierungen und Notenbanken massiv in das Marktgeschehen eingreifen, gerät die Markowitzsche Theorie an ihre Grenzen. Der Nobelpreisträger geht davon aus, dass die Kapitalmärkte effizient sind. Wenn aber die Notenbanken die Märkte mit billigem Geld fluten, kann davon keine Rede mehr sein.

Markowitz funktioniert also nur dann, wenn es keine großen Einschläge an den Märkten gibt. Doch die werden eben leider immer häufiger. Vor der bereits genannten Lehman-Pleite samt Finanzkrise platzte Anfang des Jahrtausends die Internetblase. Heute tobt die Schuldenkrise. Solche Katastrophen für das Finanzsystem hebeln die Markowitz-Regel aus.

Die heftigen Kursausschläge der vergangenen Jahre sind nichts für schwache Nerven, wir werden sie aber leider noch eine Zeit lang ertragen müssen. Kapitalmarktexperten sind davon überzeugt, dass die ungewöhnlich hohen Schwankungen und die starke Korrelation zwischen den Vermögenswerten, die durch das Platzen der Kreditblase 2008 entstanden sind, nicht so schnell enden werden. Und zwar so lange nicht, wie die Staatsschuldenkrise in der westlichen Welt die Wachstumsperspektiven überdeckt. Volatilität nennen die Finanzmathematiker die Kursschwankungen an den Finanzmärkten. Hohe Schwankungen gelten in der Ökonomie als Risiko, weil sie die Geldanlage unberechenbarer machen. Volatilität ist immer noch die große Unbekannte in der Welt der Geldanlage.

Nun ist eine hitzige Diskussion entbrannt: Ist die goldene Regel der Kapitalanlage, nicht alle Eier in einen Korb zu legen, überholt? Es ist unbestritten: Als es gekracht hat, hat auch die Streuung nach Markowitz Anleger nicht vor heftigen Verlusten bewahrt.

Für die Anhänger der modernen Portfoliotheorie, die Markowitz-Jünger sozusagen, ist das übrigens kein Problem. Sie argumentieren, dass nach der Lehman-Pleite letztendlich jede Anlagestrategie versagt habe, nicht bloß die der Risikosteuerung nach mathematischen Kriterien. Das mag stimmen, doch diese Argumentation ist nicht ganz ungefährlich. Denn wer mathematisch diversifiziert, verlässt sich bei der Berechnung seiner Vermögensverteilung auf die Annahme, das Risiko einer Anlage in der Zukunft aus ihren vergangenen Risiken ableiten zu können. Ob eine Marktentwicklung jedoch realistisch ist oder sich eine Blase gebildet hat, ignorieren die Rechenkünstler vollkommen.

Dennoch halten die Wissenschaftler Markowitz die Treue. Bei aller Kritik fehlt nämlich bisher die Alternative. Eine neue „goldene Regel der Kapitalanlage“, die das Modell von Harry Markowitz ablösen könnte, ist nicht in Sicht. Grundsätzlich lassen sich die Vorzüge einer breiten Risikostreuung auch nicht bestreiten. Vielleicht werden wir also künftig eine Modifikation dieser Portfoliotheorie erleben, Wissenschaftler arbeiten bereits mit Hochdruck daran. Risikomanagement ist das Stichwort, also das Vermeiden größerer, wenn auch nur zwischenzeitlicher Verluste. Ein Patentrezept hat bisher aber keiner der Gelehrten geliefert.

Mittel- bis langfristig orientierten Anlegern bleibt also nichts anderes übrig, als sich weiter auf Markowitz zu verlassen und ihre Investments breit zu streuen. Einen Fehler sollten wir dabei aber nicht begehen, nämlich den „Korb“ für ein Synonym von „Anlageklasse“ halten. Denn der „Korb“ steht für „Risiken“, die der Investor eingeht. Das Sprichwort „Lege nicht alle Eier in einen Korb“ sollte daher also besser als „Verteile dein Risiko“ verstanden werden und nicht bloß als reines „Verteile dein Geld“.

Auch wenn sich die Spielregeln an den Kapitalmärkten verändert haben, stehen Rendite und Risiko noch immer in einem gegensätzlichen Verhältnis zueinander. Je höher unser Renditeziel ist, desto höher wird das Risiko sein, das wir dafür eingehen müssen. Nicht selten wiegen sich Anleger in falscher Sicherheit, wenn sie ihr Geld stur auf verschiedene Anlageklassen verteilen. Aktien und Unternehmensanleihen sind zwar verschiedene Anlageklassen, hängen in gewissem Maß aber von den gleichen Treibern ab. Geht es dem Unternehmen gut, steigt der Kurs von Anleihe und Aktie, droht die Insolvenz, sorgen beide für Verluste.

Mit der Risikostreuung kann man es aber auch übertreiben. Wer zu viele Einzeltitel hält, verliert irgendwann den Überblick. Streuung ist kein Selbstzweck. Und ein breit gestreuter Korb mit faulen Eiern hilft auch nicht weiter.

## Übertriebene Heimatliebe ist gefährlich

Überhaupt kann bei der Streuung einiges schiefgehen. Vor allem wenn es um die Streuung über verschiedene Regionen hinweg geht, machen Anleger Fehler. Wir sind nämlich oft viel zu heimatverliebt. Zählen Sie doch einmal nach, wie viele deutsche und wie viele ausländische Aktien Sie in Ihrem Depot haben. Und rechnen Sie dann den Depotanteil aus. Das Ergebnis ist in der Regel recht eindeutig: Viele von uns legen alle oder doch zumindest zu viele Eier in einen geografischen Korb. Experten sprechen von einem ausgeprägten „Home Bias", das heißt, deutsche Anleger investieren ihr Geld vor allem in Deutschland und Europa, weil sie sich dort oft am besten auskennen – übrigens ein Phänomen, das überall auf der Welt zu beobachten ist.

Natürlich ist es richtig, nur auf Produkte und Einzelwerte zu setzen, die Sie auch kennen. Andernfalls wäre das Risiko kaum noch einzuschätzen. Aber falsch ist auch, als deutscher Anleger nur in DAX-Konzerne zu investieren, weil wir über die eben am meisten wissen, schließlich berichten unsere Medien fast täglich über unsere Top-30-Konzerne.

Studien zeigen, dass beispielsweise die schnell wachsenden Schwellenländer in vielen Depots immer noch unterrepräsentiert sind. Deutsche Aktien sind hingegen überrepräsentiert. Das Gleiche gilt für Anleihen, auch hier lieben es die Deutschen deutsch. Um dieses „Home Bias" zu umgehen, sind börsengehandelte Indexfonds (Exchange-Traded Funds, kurz ETFs) sinnvolle Bausteine. Sie bilden bekannte und weniger bekannte Börsenindizes eins zu eins nach. Mit nur einem ETF setzen Anleger damit auf viele Aktien oder Anleihen.

Indexfonds ermöglichen es, auch in Märkte zu investieren, die wir nicht so genau einschätzen können. Eben weil ETFs schon in sich diversifiziert sind, hat der Anleger kein Klumpenrisiko – etwa in Form einer einzelnen Aktie – in einem Markt, den er nicht kennt.

Auch wenn deutsche Investoren mit ihrer Heimatliebe oft gut gefahren sind – denken Sie nur an das sensationelle Börsenjahr 2012 mit einem DAX-Plus von fast 30 Prozent: Langfristig erhöhen sie mit einer einseitigen Aufstellung das Risiko. Das gilt für Länderpräferenzen, aber noch mehr für Branchen. Untersuchungen haben nämlich gezeigt, dass Autos nicht nur der Deutschen liebstes Spielzeug sind, sondern auch ein beliebtes Anlageziel. In vielen Depots finden sich die Aktien gleich mehrerer Hersteller. Bricht aber die Autokonjunktur ein, addieren sich die Miesen im Portfolio. Durchforsten Sie deshalb ruhig mal ihr Depot auf Klumpenrisiken. Häufig ist uns nämlich gar nicht bewusst, wie viele Pharma-, Banken- oder Auto-Aktien wir besitzen. Oder wissen Sie auswendig, wie hoch der Anteil von Daimler im DAX und damit in Ihrem ETF auf den deutschen Standardwerte-Index ist?

Halten wir also fest: Es ist wichtig, dass wir unsere Investments streuen – über mehrere Anlageklassen, Regionen und vor allem Risikoklassen. Die Eier gehören nicht in einen Korb, so viel steht fest. Bei aller berechtigten Kritik an Markowitz: Es gibt es kein anderes Patentrezept für den Portfolioaufbau. Auch wenn die Theorie nach der Lehman-Pleite weniger gebracht hat als erhofft, kamen breit gestreute Depots wesentlich besser durch die Krise als die meisten einseitig ausgerichteten Portfolios.

Die Frage ist doch auch, ob extreme Ereignisse wie Finanzkrisen, die Anschläge vom 11. September 2001 oder die Atomkatastrophe im japanischen Fukushima in der Anlagestrategie überhaupt berücksichtigt werden können. Natürlich entfaltet die Diversifikationsstrategie in Extremszenarien nicht ihre volle Kraft. Doch das darf kein Grund sein, diese Anlagestrategie zu verteufeln. Wer gut diversifiziert war, ist wesentlich besser durch die Krise gekommen als mit einem reinen Aktiendepot, das im Zweifelsfall auch noch einen hohen Anteil europäischer Aktien hatte. Und mit einer Investition in breit gestreute Aktienindizes oder Indexfonds sind die Risiken grundsätzlich besser verteilt als mit Einzeltiteln.

Gerade für langfristig orientierte Anleger bleibt der Grundsatz bestehen, nicht alle Eier in einen Korb zu legen. Wie viel Gewicht die einzelnen Körbe haben, hängt von der Anlage, vom Alter und vom Risikotyp des Sparers ab. Der Anteil risikoreicher Papiere wie etwa Aktien lässt sich durch gezielte Käufe und Verkäufe je nach Marktlage steuern. Ausgefeilte Risikomanagement-Strategien, bei denen komplizierte Produkte wie Derivate zum Einsatz kommen, sind dagegen eher etwas für Profis. Grundsätzlich sollten jüngere Sparer etwas chancenorientierter investieren und damit etwas mehr Risiko in ihrem Portfolio haben als ältere. Der Aktienanteil sollte also bei einem 30-Jährigen höher sein als bei einem 60-Jährigen. Schließlich hat der 30-Jährige noch mehr Zeit, kurzfristige Marktschwankungen auszusitzen.

Eins ist klar: Die goldene Regel der Kapitalanlage hat ihre Gültigkeit nicht verloren. Auch wenn Diversifikation nicht mehr so viel bringt wie früher, wäre es fahrlässig, darauf zu verzichten.

Übrigens scheitern auch diejenigen an der Risikostreuung, die es eigentlich besser wissen müssten: Harry Markowitz gestand einmal, dass er sich selbst überhaupt nicht an seine ausgeklügelte Methode gehalten habe. Für sein eigenes Geld wählte der Nobelpreisträger eine ganz einfache Formel: Die Hälfte des Geldes in Aktien, die andere in festverzinsliche Wertpapiere. Irgendwie macht ihn das sympathisch.

# 4

# Politische Börsen haben kurze Beine.

Breaking News" flackern im Sekundentakt über die Bildschirme. Bahnbrechende Neuigkeiten wechseln einander so schnell ab, dass einem Hören und Sehen vergeht: Die Atomkatastrophe in Japan, eine gescheiterte Regierung in Portugal, eine Volksabstimmung über das nächste Rettungspaket für Griechenland, eine Hängepartie im US-Kongress – wie ein Lauffeuer verbreiten sich Fakten, aber auch Gerüchte an der Börse. Die Kurse reagieren prompt und oft auch heftig. Doch politische Ereignisse bringen die Märkte nur kurz aus dem Tritt. Das zumindest besagt die Börsenweisheit „Politische Börsen haben kurze Beine".

In den Geschichtsbüchern finden sich viele Beispiele, die diese Börsenregel belegen. Etwa dieses: Als am 19. August 1991 die ersten Gerüchte über einen bewaffneten Aufstand gegen den Präsidenten der damaligen UdSSR Michail Gorbatschow die Runde machten, stürzten an der Frankfurter Börse die Kurse ab. Die Angst vor politischer Instabilität, vor Unruhen im Osten war groß. Einige Tage später – die Putschisten waren zur Aufgabe gezwungen worden, Gorbatschow war nach Moskau zurückgekehrt – hatte der DAX sich bereits wieder erholt. Die große Weltpolitik hatte die deutschen Standardwerte nur kurz belastet.

Schon André Kostolany sagte einst: „Staatsbankrott? Bankenkrisen? Darauf gibt es nur eine Antwort: Viel Lärm um nichts!" Doch wie kurz sind die Beine der politischen Börsen heute? Immerhin schauen wir seit mehr als drei Jahren wie gebannt darauf, wie die Politik die Haushaltsmisere in den Eurostaaten und den USA in den Griff zu bekommen versucht. Gilt die Börsenweisheit in Zeiten der Schuldenkrisen überhaupt noch? Keine Frage, so politisch wie heute waren die Börsen wohl noch nie. Im Grunde geht es nur noch darum zu antizipieren, welche Maßnahmen die Regierungen und Notenbanken wohl als Nächstes ergreifen. Unternehmenszahlen geraten in den Hintergrund.

Immer wieder bringen politische Ereignisse das Marktgeschehen durcheinander. Die Börsenweisheit besagt, dass die Politik die Börsen aber nie auf längere Sicht prägen kann. Mit der Schuldenkrise in Europa scheint das ein bisschen anders zu sein. Denn die politischen Ereignisse, die für heftige Turbulenzen sorgen, kommen in immer kürzeren Abständen. Trotzdem gilt die Regel von den politischen Börsen weiter.

„Sich diese Weisheit hinter die Ohren zu schreiben gehört zu dem wichtigsten Rüstzeug für Börsianer“, ist Fondsmanager Christoph Bruns überzeugt. Die alte Börsenregel gelte heute sogar mehr denn je, meint auch Wirtschaftsprofessor und Crashprophet Max Otte und verweist auf die Schnelllebigkeit und Machtlosigkeit der heutigen Politik. Wahrscheinlich sind die Beine sogar noch kürzer geworden.

Natürlich wird niemand ernsthaft behaupten, dass politische Entscheidungen grundsätzlich keine langfristigen Auswirkungen auf die Börsen haben. Politik und Finanzmärkte sind in den vergangenen Jahrzehnten immer enger zusammengewachsen – auch wenn sie sich nicht unbedingt besser verstehen. In der Schuldenkrise, die uns diesseits und jenseits des Atlantiks sicher noch Jahre beschäftigen wird, sind es vor allem die Notenbanken, die das Marktgeschehen bestimmen. Und deshalb gibt es eben auch Experten, die der Börsenweisheit ihre Gültigkeit absprechen. Als Grund führen sie stets die massiven Rettungsmaßnahmen für hochverschuldete Staaten und Teile des Finanzsektors an. Hätte bis dato die Fundamentalanalyse – also die detaillierte Betrachtung von Bilanzen und Börsenkennzahlen – die entscheidende Rolle für die Einschätzung der Entwicklungen an den Märkten gespielt, seien professionelle wie private Anleger mittlerweile gezwungen, ihre Zeit in wesentlichen Anteilen der politischen Analyse zu widmen.

Doch viele Investoren sind nach wie vor überzeugt, dass politische Kapriolen eben nicht nachhaltig auf die Börsenstimmung drücken. In den Medien finden politische Krisen schnell und viel Aufmerksamkeit und allein schon unter diesem öffentlichen Druck reifen bald Lösungsvorschläge. Die Krisen – denken Sie nur an die Beinahepleiten von Griechenland, Portugal und Zypern – kommen in immer kürzeren Zeitabständen auf uns zu. Die Europäische Union rettet und rettet und rettet. Die Kursturbulenzen an den Börsen waren meist recht schnell ausgestanden.

Ein Beispiel haben auch die Politiker in den USA im Sommer 2011 geliefert. Als die Zahlungsunfähigkeit des Staates drohte und im Kapitol verzweifelt – und zwischenzeitlich scheinbar aussichtslos – um eine Anhebung des US-Schuldenlimits gerungen wurde, belastete das auch die Wall Street. Die Nervosität wuchs an jedem Tag, an dem Republikaner und Demokraten sich im Senat nicht auf einen Kompromiss einigen konnten. Als die Ratingagentur S&P dann auch noch die Bonität der Weltmacht herunterstufte, schalteten die Marktteilnehmer auf Krisenmodus.

Zwar konnte die Zahlungsunfähigkeit noch abgewendet werden, aber die Finanzkraft der USA hat sich seither nicht wirklich verbessert. Trotzdem waren das Gezerre im Kapitol und das Downgrade durch S&P schnell vergessen. Die Börse legte kräftig zu. Gute Unternehmensdaten zählten scheinbar mehr.

## Die Aufregung ist meist schnell verpufft

Ähnlich sieht es seit einigen Jahren in Europa aus: Die kleinste politische Wendung in der europäischen Schuldenkrise lässt die Kurse kräftig ausschlagen – positiv wie negativ. Doch die Aufregung ist meist schnell verpufft. Echte Trends an den Börsen erkennen Sie am besten, wenn Sie sich auf die ökonomischen Fakten konzentrieren und die Politik weitgehend ausblenden. Die Politik ist nur ein Faktor unter vielen und meistens nachrangig. „Das politische Tagesgeschrei übertönt in vielen Fällen die ökonomische Realität, auf die kommt es aber an", ist Max Otte überzeugt. Gerade in der europäischen Schuldenkrise werden ständig neue politische Themen lanciert, die sich gegenseitig überlagern, die aber oft bereits nach wenigen Tagen oder höchstens Wochen nicht mehr wichtig oder doch zumindest nachrangig sind.

Die Anleger scheinen das erkannt zu haben. Sie lässt die Schuldenkrise mittlerweile ziemlich kalt. Dieser Eindruck drängt sich zumindest auf, wenn ich mir die Entwicklung der Börsen im ersten Halbjahr 2013 anschaue: Rekordjagd statt Krisenmodus. Auch das belegt doch im Grunde, dass die Börsenweisheit stimmt. Wichtiger als politische Ereignisse sind eben doch die Geschäfts- und damit Gewinnentwicklungen der Unternehmen.

Das ändert aber nichts daran, dass die Politik die Börsen immer wieder Achterbahn fahren lässt. Die Interventionsspirale zur Rettung wackeliger Banken und pleitegefährdeter Staaten drehte sich in den Hochzeiten der Krise immer schneller und schneller. Die Politik ließ die Märkte monatelang verrückt spielen. Beispiel eins: Am 27. Oktober 2011 zündete der DAX ein wahres Kursfeuerwerk. Mehr als fünf Prozent schoss der deutsche Leitindex in die Höhe. Die Börsen feierten die Ergebnisse eines Brüsseler Sondergipfels. Angeführt von der deutschen Bundeskanzlerin Angela Merkel und dem damaligen französischen Staatspräsidenten Nicolas Sarkozy hatten sich die Staats- und Regierungschefs der Eurozone zu einem weiterem Hilfspaket für das Not leidende Griechenland durchgerungen. An der Börse kam das gut an.

Doch die Freude der Anleger währte nur kurz: Zwei Handelstage später stürzten die Märkte jäh ab, der deutsche Leitindex büßte seine Gewinne wieder ein. Völlig überraschend hatte Griechenlands Regierungschef angekündigt, sein Volk über das Rettungspaket abstimmen zu lassen. Die Pleitegefahr des Landes – gerade noch gebannt geglaubt – war wieder das alles beherrschende Thema.

Beispiel zwei: Ein extremes Politikereignis traf die Aktienmärkte ein weiteres Mal Ende November 2011, als sechs große Notenbanken der Welt – darunter die amerikanische Zentralbank Fed, die Europäische Zentralbank (EZB) und die Bank of England – in einer konzertierten Aktion beschlossen, ein Sicherheitsnetz für die europäischen Banken zu spannen. Die Börse feierte auch diesen Eingriff mit kräftigen Kursgewinnen. Binnen Minuten schoss der DAX in die Höhe. Als die gemeinsame Aktion der Zentralbanken mittags über die Nachrichtenticker lief, ging der DAX um 3,3 Prozent in die Höhe. Bis zum Handelsschluss kletterte der Index sogar um mehr als vier Prozent. Ähnlich reagierten die anderen großen Börsenplätze. Der nächste Dämpfer ließ aber nicht sehr lange auf sich warten, schließlich waren die Probleme der Schuldenstaaten damit nicht gelöst.

Solche Kursschübe, die durch politische Ereignisse ausgelöst werden, mögen zwar von begrenzter Dauer sein, aber sie kommen in Krisenzeiten fast ununterbrochen und überlagern andere Faktoren – zumindest kurzfristig. Und nicht nur die Häufigkeit der politischen Interventionen nimmt zu, sondern auch die Intensität, mit der die Märkte darauf reagieren, positiv wie negativ.

Oft reichen nur wenige Worte, noch nicht einmal besonders konkrete, um die Märkte auf Talfahrt zu schicken. Im Mai 2013 beispielsweise brachte Fed-Chef Ben Bernanke die Angst zurück an die Märkte. Nach einem steilen Höhenflug von einem Rekord zum anderen gab es nicht wenige Anleger, die glaubten, die Luft an der Börse werde langsam dünn. Und dann reichte ein nicht ganz klares Statement des US-Notenbankchefs zur Geldpolitik, und die Kurse gaben weltweit nach. Bernanke hatte bei einer Anhörung vor dem US-Kongress ein geringeres Tempo bei den Anleihekäufen nicht ausgeschlossen. Damit wuchs die Angst, die Geldflut der Notenbanken – ein wichtiger Grund für die Kursrallye der vorangegangenen Wochen und Monate – könnte versiegen. Da aber eigentlich doch niemand mit einem raschen Ausstieg der Fed oder der EZB aus den Hilfsprogrammen rechnete, ging es in den folgenden Tagen an den Weltbörsen wieder aufwärts.

Das „Exit-Thema" wird die Märkte weiter bewegen. Denn eines ist sicher: Die Anleiheaufkaufprogramme müssen irgendwann enden, irgendwann entziehen die Notenbanken den Märkten die extrem hohe Liquidität. Nur weiß niemand, wann und wie schnell. Wenn die Börsen am Tropf der Zentralbanken hängen, ist jede Hausse endlich. Die Finanzwelt ist im Liquiditätsrausch, doch das Zittern vor dem Entzug ist stets spürbar. Wie groß die Furcht vor dem Ende des Billiggelds ist, zeigte die Reaktion damals auf Bernankes Aussage. Dass Börsianer das Thema schnell wieder ad acta legten – wenn auch nicht dauerhaft –, zeigt einmal mehr, wie kurz die Beine der politischen Börsen sind. Die Krise flammt zwar immer wieder auf, weil sie natürlich längst nicht ausgestanden ist. An der Börse spielt sie aber immer weniger eine Rolle.

Natürlich heißt das aber nicht, dass Politik grundsätzlich keine langfristige Auswirkung auf die Börsen hat und sich die Märkte völlig unbeeindruckt von den Entscheidungen in den Parlamenten entwickeln. Parteien- und Regierungswechsel können nämlich umso längere Beine haben.

Die Entscheidung für den deutschen Atomausstieg nach der Katastrophe von Fukushima ist ein gutes Beispiel dafür, dass politische Börsen manchmal auch verdammt lange Beine haben können. Der einst so verlässliche Versorgersektor gehört seither zu den Sorgenkindern der Börsianer. Prognosen gekippt, Geschäftsmodelle infrage gestellt, Dividenden zusammengestrichen – die Entscheidung der Politik wirkt nach.

Und natürlich kann es auch politische Börseneuphorien geben, etwa nach dem Wahlsieg einer als wirtschaftsfreundlich angesehenen Partei. Freilich gilt auch dann die Börsenregel, denn die politischen Realitäten holen die allzu Euphorischen alsbald ein.

Das zeigt ein Beispiel aus der deutschen Landespolitik: Nach den Landtagswahlen in Baden-Württemberg und Rheinland-Pfalz, bei denen die Grünen im Frühjahr 2011 hohe Stimmenzuwächse einfuhren, waren an der Börse vor allem Solar- und Windkraft-Aktien gefragt. An den ersten beiden Handelstagen nach der Wahl beförderte der grüne Schub fast alle Kurse der Aktien aus der Branche Erneuerbare Energien nach oben. Dann begannen Anleger genauer hinzuschauen und sortierten aus, vor allem bei den Solarwerten. Das Ergebnis: Solarworld zählte zu den größten Kursgewinnern und Q-Cells zu den größten Kursverlierern der Woche. Am Ende zählten eben doch die Unternehmensdaten. Mittlerweile steckt die Branche allerdings in der Krise, nachdem die Bundesregierung den Solarunternehmen die Subventionen gekappt hat.

## Vorwahljahre sind gute Jahre

Manchmal ist die Auswirkung der Politik auf die Börsen auch ziemlich einfach vorauszusagen. Beispiel USA: Alle vier Jahre wählen die Amerikaner einen neuen Präsidenten und der Wahlzyklus beeinflusst die Börsen. Die höchsten Renditen erzielten Anleger im vergangenen Jahrhundert durchschnittlich im Vorwahljahr. Der Grund ist ebenso einfach wie einleuchtend. Der Präsident will im Weißen Haus bleiben, seine Partei stärkste Macht bleiben – also buhlen sie um Stimmen. Über stimulierende Maßnahmen freuen sich auch die

Börsianer. Die Kurse ziehen regelmäßig an. Im dritten Jahr der Präsidentschaft sind hingegen keine großen Kurssprünge zu erwarten. Denn dann werden in der Regel die letzten erforderlichen Konsolidierungen der Legislaturperiode durchgezogen. Solche Einschnitte werden so terminiert, dass sie die nächste Stimmabgabe nicht negativ beeinflussen. Schließlich will es sich im Jahr des Urnengangs kein Politiker mit dem Wahlvolk verscherzen.

Politische Börsen haben also sehr wohl kurze Beine. Das gilt selbst in Zeiten der Schuldenkrise. Auch wenn Entscheidungen aus Berlin, Brüssel, Washington oder London, ob nun von Regierungen oder Notenbanken, immer wieder für Überreaktionen an den Märkten sorgen mögen. „Wenn irgendein Ereignis auf dem Markt eine psychologische Wirkung haben sollte, muss sie sofort kommen, denn am nächsten Tag ist das Ereignis vergessen", wusste schließlich schon Börsenaltmeister Kostolany. Politisches Tagesgeschrei sollte langfristig orientierte Anleger daher nicht aus der Ruhe bringen. In vielen Fällen sind politische Ereignisse, die für Kursrücksetzer sorgen, übrigens gute Einstiegspunkte.

# The Trend is your Friend.

Davon träumen wohl alle Anleger: immer auf der richtigen Seite zu stehen – also dabei zu sein, wenn die Kurse steigen, und der Börse rechtzeitig den Rücken zu kehren, bevor der Markt fällt. Wer den Trend erkennt, hat an der Börse schon gewonnen. Eine der wohl bekanntesten Börsenweisheiten lautet „The Trend is your Friend". Kann das stimmen? Der Trend ist Dein Freund? Geht es an Börse nicht vielmehr darum, Trends zu erkennen, bevor sie sichtbar werden?

Trendfolger sind eine Art Trittbrettfahrer der Börse. Sie analysieren Aktiencharts und Börsenumsätze, suchen nach Indikatoren, die auf einen neuen Trend oder gar die Umkehr eines bestehenden Trends hinweisen. Trendfolgemodelle sind streng mathematisch und schalten jegliche Emotionen aus. Statt Gier oder Angst bestimmen Trends das Handeln der Anleger.

Während Privatanleger sich häufig an einfachen Indikatoren orientieren, sind die Modelle der institutionellen Investoren komplizierter. Computerprogramme suchen die Märkte nach Mustern ab, in deren Folge die Kurse regelmäßig entweder steigen oder fallen. Eines der bekanntesten Trendfolgemodelle entwickelte Anfang der 1980er-Jahre der amerikanische Rohstoffhändler Richard Dennis. Es basiert auf der einfachen Regel, einen Wert zu kaufen, wenn der Preis über sein höchstes Niveau der vergangenen 50 Tage steigt, und ihn zu verkaufen, wenn der Preis unter sein 50-Tages-Tief fällt.

Eine wunderbar einfache Regel. Statt sich also mit viel Mühe und Fleiß durch Geschäftsberichte, Kennzahlen und Unternehmensnachrichten zu kämpfen, müssen Sie eigentlich nur noch auf Chartsignale achten. Der Gedanke dahinter: Wer einem Trend folgt, gewinnt immer. Steigen die Märkte, bleiben die Trittbrettfahrer investiert. Wenn die Kurse aber purzeln und den bestehenden Aufwärtstrend durchbrechen, dann steigen sie aus und lassen die Kurse erst einmal weiter fallen. Und solange sie noch keine klaren Anzeichen für eine Trendumkehr sehen, steigen sie auch nicht wieder ein. Schließlich ist es eher unwahrscheinlich, dass Anleger genau den Zeitpunkt zum Einstieg erwischen, ab dem die Kurse wieder steigen.

Anders ausgedrückt: Gewinne laufen lassen und Verluste vermeiden. Diese Börsenweisheit fußt nämlich auf der simplen Tatsache, dass die Mehrzahl der Anleger vorgibt, in welche Richtung sich die Börse bewegt. Und da sich der Markt bekanntlich nicht irrt, werden Anleger, die entgegen der Herdenrichtung laufen, niedergetrampelt – so die Theorie. Klingt genial. Aber so einfach wie in der großen Hausse der 1980er- und 1990er-Jahre, in der die Regel wunderbar funktioniert hat, ist die Börsenwelt nicht mehr.

Was sich in der Theorie so einfach und genial anhört, hat in der Praxis einen Haken. Trends werden zunehmend kurzlebiger, und wenn wir sie erkannt haben, können sie schon wieder vorbei sein. Grundsätzlich gilt die Regel „The Trend is your Friend" zwar noch. Doch sie ist in Krisenzeiten und damit in volatilen Märkten wie in den vergangenen Jahren schwer anzuwenden. Trendfolgemodelle haben in jüngster Vergangenheit oft versagt. Denn einen Trend auszumachen fällt zunehmend schwerer.

Die Stimmung an den Börsen drehte in den Krisenjahren immer wieder rasend schnell – besonders die Abstürze kamen sehr überraschend und waren extrem heftig. Der Grund: Regierungen und Notenbanken greifen in die Rahmenbedingungen für Investoren ein. Sie spannen Rettungsschirme, kaufen Staatsanleihen, diskutieren ständig über weitere Möglichkeiten – mit höchst ungewissem Endergebnis. Vor allem wenn es geknallt hat, schafften viele Anleger, vor allem die privaten, den Absprung nicht. Sie konnten nur noch zusehen, wie ihr Depotwert dahinschmolz, und verkauften viel zu spät. Die gleichen Privatanleger dürften aber auch die Trendwende verpasst haben. Als die Börse wieder durchstartete, waren sie nicht investiert.

## Wer den Trend früh erkennt, kann viel verdienen

Zur Erinnerung: Im Frühjahr 2011 notierte der DAX bei rund 7.500 Punkten und pendelte dann einige Monate lang zwischen 7.100 und 7.500 Zählern. Im August und September, als sich die Schuldenkrise zuspitzte, stürzte er dann plötzlich um fast 2.500 Punkte ab. Rund ein halbes Jahr später hatte er sich schon wieder bis an die Marke von 6.900 Punkten herangearbeitet – allerdings im Zickzackkurs. Es folgte ein weiterer Rücksetzer auf gut 6.000 Punkte im Sommer, der 7.500er-Markte näherte sich der Index erst Ende 2012 wieder. Ein ziemlich heftiges Hoch und Runter, sicher nichts für schwache Nerven. In volatilen Märkten können Sie mit der Trendfolge sehr viel Geld verlieren. Umgekehrt verdienen Sie extrem viel, wenn Sie den Trend richtig erkennen.

Genau das ist das Ziel technisch orientierter Analysten, also von Anlegern, die sich weniger für das Wachstum von Volkswirtschaften oder die Zahlen von Unternehmen interessieren, sondern vornehmlich Kursverläufe unter die Lupe nehmen. Sie versuchen, Trends an den Märkten zu identifizieren. Doch das ist eben nicht mehr so einfach. Mitunter schwanken die Kurse vieler Unternehmen nämlich so stark, dass es kaum möglich ist, irgendwelche eindeutigen Trends auszumachen.

Und genau deshalb sehen viele Experten die Weisheit der Börsengurus auch kritisch. Ihr Hauptargument: Kursverläufe und Marktdaten sagen nichts über die künftige Performance aus. Wer sich daran orientiert, gerät nicht immer an die langfristig erfolgreichsten Unternehmen. Da ist etwas dran. Denken Sie nur an den Internetboom zu Beginn des Jahrtausends. Damals sind auch die Aktienkurse von Unternehmen mit schwachen Fundamentaldaten mit nach oben gerissen worden, obwohl sie keine Substanz hatten. In Extremphasen entwickeln Aktienkurse oft eine gefährliche Eigendynamik und richten sich weniger nach der Qualität der dahinter stehenden Gesellschaften als nach der Stimmung der Marktteilnehmer.

Für die Trendfolger bedeutet das: Sie handeln sich Nieten ein, weil ihre Computer Kaufsignale senden. Gerade in Zeiten großer Euphorie sollten Sie sich der Risiken einer passiven Trendfolge bewusst sein.

Doch nicht nur in turbulenten Märkten hat die Börsenweisheit Schwächen. Auch wenn eigentlich nicht viel los ist und sich die Aktienkurse generell seitwärts bewegen, fällt es mit diesem Modell schwer, Anlageentscheidungen zu treffen. Klare Trends sind dann Fehlanzeige. Doch natürlich gibt es auch in solchen Phasen immer Aktien, deren Kurse sich nach oben entwickeln.

Ein weiteres Problem: Irgendwann endet jeder Trend – aber nur selten so, dass ein eindeutiges Signal für den Verkauf rechtzeitig sichtbar wird. „Wer nach Trends sucht, um auf deren Fortsetzung zu setzen, steigt regelmäßig erst spät in einen Trend ein und auch zu spät – nachdem der Trend eindeutig gedreht hat – aus“, sagt Loys-Fondsmanager Christoph Bruns. Er ist deshalb überzeugt: „Insgesamt fehlt der Börsenregel der praktische Anwendungsnutzen.“

Auch Wissenschaftler stellen die Börsenregel „The Trend is your Friend“ grundsätzlich infrage. Beispielsweise Martin Weber. „Die Forschung zeigt ziemlich deutlich, dass die Rendite eines Tages, einer Woche oder eines Monats nicht mit der Rendite des Vortags, der Vorwoche oder des Vormonats korreliert“, sagt der Professor für Finanzwirtschaft an der Universität Mannheim. „Wenn das mit dem Trend stimmen würde, könnte man durch einfaches Handeln schnell und sicher reich werden – schade, dass es nicht klappt.“ Trends gebe es nicht, es sehe immer nur im Nachhinein so aus. So weit würde

Bruns nicht gehen, im Gegenteil. „Historisch betrachtet ist es leicht nachweisbar, dass es an der Börse Trends gibt", sagt der Fondsmanager. Folglich ist derjenige auf der richtigen Schiene, der einen Trend frühzeitig erkennt und darauf reitet.

Doch wie funktioniert das in der Praxis? In den Kursen sehen wir eine Trendwende schließlich erst, wenn sie bereits stattgefunden hat. Genau da liegt vielen Kritikern zufolge ja das Problem. Trotzdem gibt es viele Anhänger der Theorie. Bei der Trenddiagnose, die sich an Börsenkursen orientiert, kommen in der Regel charttechnische Analysewerkzeuge, sogenannte quantitative Ansätze, zum Einsatz.

Trends in voller Länge mitzumachen ist kaum möglich – vor allem nicht für Privatanleger. Versuchen Sie es also gar nicht erst. Trendfolger erwischen bestenfalls einen Teil des Aufwärtstrends. Läuft es schlecht, steigen sie erst ein, wenn die Party schon fast vorbei ist – und stürzen dann mit dem Abwärtstrend ab. Wer das verhindern will, sollte sich klare Regeln für den Ein- und Ausstieg setzen. Trendfolger sind Herdentiere. Damit sie erfolgreich sind, müssen sie Trends möglichst frühzeitig erkennen – und rechtzeitig aussteigen, wenn sie sich dem Ende nähern. Das ist in Zeiten hoher Kursschwankungen aber eben nicht so einfach, wie wir in der Krise immer wieder erlebt haben. Nicht jeder Rücksetzer bedeutet das Ende eines übergeordneten Trends. Warten Sie also auf klare Signale, wenn Sie auf diese Börsenweisheit setzten wollen!

Diese Signale liefern vor allem Charts. Wer noch nicht so viel Erfahrung mit den Kurskurven hat, sollte auf Unterstützungen und Widerstände achten, um Trends zu identifizieren. Einen Aufwärtstrend erkennen Sie an der Verbindung von mindestens zwei Kurstiefs, das zweite Tief muss dabei über dem ersten liegen. Zusätzliche Bedingung für einen intakten Aufwärtstrend: Das Hoch, das dem zweiten Tief folgt, muss das vorangegangene Hoch überschreiten.

## Charts senden Kauf- und Verkaufssignale

Ein guter Indikator für einen Trendwechsel ist auch die 200-Tage-Linie. Sie ist ein sogenannter gleitender Durchschnitt, der täglich aufgrund der Kurse der zurückliegenden 200 Börsentage errechnet wird. Fällt ein Aktienkurs unter die 200-Tage-Linie, ist das ein schlechtes Zeichen, durchbricht der Chart die Linie nach oben, ist es ein gutes.

Wer bereits ein bisschen mehr Erfahrung mit Chartanalyse hat, hält Ausschau nach wichtigen Trendumkehrformationen wie beispielsweise einer Schulter-Kopf-Schulter-Formation. Sie ist in einem Chart relativ einfach zu erkennen. Nach einem Anstieg auf ein Zwischenhoch, das die linke Schulter bildet, gibt es einen Kursrücksetzer. Es folgt eine Erholung, bei der der Kurs über das Niveau der linken Schulter hinaus ansteigt und ein neues Hoch bildet, den Kopf. Von dort aus fällt der Kurs wieder zurück auf das Niveau des ersten Rücksetzers – diese beiden Tiefs bilden nun die Nackenlinie. Was noch fehlt, ist die rechte Schulter, die nach einem erneuten Anstieg im Chart zu sehen ist. Fertig ist die Schulter-Kopf-Schulter-Formation mit drei Zwischenhochs, von denen das mittlere das höchste, also der Kopf ist. Fällt der Kurs vom Hoch der rechten Schulter nun ein weiteres Mal und durchbricht die Nackenlinie – er fällt also tiefer als bei den vorherigen Rücksetzern –, ist das ein schlechtes Zeichen und damit ein Verkaufssignal. Denn es droht eine Trendumkehr.

Über Qualität und Stärke eines Trends geben Indikatoren wie beispielsweise das Momentum – auch RSL-Wert genannt – Auskunft. RSL steht für „Relative Stärke nach Levy". Erfunden hat diese Strategie Robert Levy Ende der 1960er-Jahre in den USA. Seine Methode basiert darauf, dass Anleger zu Beginn eines Aufwärtstrends oft noch unsicher sind, ob er sich wirklich etablieren wird. Deshalb: erst einmal Finger weg. Doch wenn die Kurse anfangen zu steigen und sich ein

Trend gebildet hat, ist die Zeit zum Einstieg gekommen. Wann genau dieser Zeitpunkt gekommen ist, zeigt die Relative Stärke.

Und so funktioniert es: Zunächst wählen Sie einen Markt aus, beispielsweise den DAX. Dann wird der RSL-Wert für jede der 30 Aktien im Index berechnet. Keine Angst, das ist relativ simpel: Ermitteln Sie zuerst für jede Aktie den durchschnittlichen Wochenschlusskurs der zurückliegenden sechs Monate. Sie addieren also die Schlusskurse der vergangenen 27 Wochen und teilen diesen Wert durch 27. Dann dividieren Sie den aktuellen Wochenschlusskurs durch den zuvor errechneten Durchschnittskurs. Das Ergebnis wird um den Wert eins schwanken – je nachdem, ob die betrachtete Aktie derzeit höher oder niedriger als im vergangenen halben Jahr notiert. Das ist der RSL-Wert in seiner simpelsten Form, aber Experten haben natürlich noch zahlreiche Verfeinerungen dieses Ansatzes entwickelt. Die beschriebene einfache Variante tut es für den Anfang aber auch.

Sind alle RSL-Werte ermittelt, sortieren Sie die Aktien nach dem RSL-Wert. Die fünf Unternehmen mit der höchsten Relativen Stärke kaufen Sie und halten sie für ein Jahr. Nach zwölf Monaten verkaufen Sie die Papiere wieder und investieren das Geld in die dann aktuellen Top 5. Die Methode lässt sich leicht variieren, indem Sie mehr oder weniger als fünf Wertpapiere kaufen, die Haltedauer verändern oder anstatt 27 Wochen einen längeren oder einen kürzeren Zeitraum analysieren.

Der Erfolg dieser Strategie beruht darauf, dass sich Kurse meistens in Trends bewegen. Nimmt eine Aktie erst einmal Fahrt auf, ist sie so schnell nicht mehr zu bremsen. Experten nennen dieses Phänomen auch „Momentum". Wie bei allen Trendfolge-Modellen laufen Sie den Notierungen mit der RSL-Methode stets hinterher. Denn erst wenn der Kurs einer Aktie bereits zugelegt hat, steigt auch ihr RSL-Wert.

„The Trend is your Friend", auf dieser Börsenweisheit ist auch die MACD-Strategie gegründet. MACD – das steht für „Moving Average Convergence/Divergence" und zählt zu den wichtigsten technischen Indikatoren. Ein Ordersignal entsteht grob vereinfacht, wenn aktuelle Kursschwankungen von früheren Veränderungen abweichen, wenn der Markt also in Bewegung kommt.

Die Berechnung des MACD ist ein wenig kompliziert, deshalb erspare ich Ihnen eine lange Ausführung. Nur so viel: Die MACD-Linie wird aus der Differenz zweier exponentiell gewichteter gleitender Durchschnitte berechnet. Von der MACD-Linie wiederum wird ein weiterer gleitender Durchschnitt ermittelt, der in der Börsensprache „Trigger" – zu Deutsch „Signallinie" – genannt wird. In der Standardberechnung wird vom 12-Perioden-Durchschnitt (also zwölf Tage, Wochen oder Jahre) der 26-Perioden-Durchschnitt subtrahiert. Der Trigger wiederum ist ein Neun-Perioden-Durchschnitt des MACD. Die Schnittpunkte von MACD und Signallinie sind Handelssignale. Übersteigt der Indikator den Trigger, ist dies ein Kaufsignal, umgekehrt ein Verkaufssignal.

## Bestens geeignet für Anleger mit schwachen Nerven

Eine komplizierte Rechnung, zugegeben. Aber Sie müssen den MACD nicht selbst berechnen, bei Onlinebrokern können Sie ihn sich anzeigen lassen, wenn Sie sich einen Chart anschauen. Diese Methode eignet sich bestens für Anleger mit schwachen Nerven, denn sie hilft, Risiken effizient zu streuen. Bei konsequenter Umsetzung der MACD-Strategie waren Investoren in den vergangenen gut 20 Jahren etwa zehn Prozent pro anno im Plus. Nur zweimal seit 1989 war das Minus zweistellig, es belief sich auf maximal 11,8 Prozent.

Die MACD-Strategie hat allerdings einen Haken. Denn in einer Hausse-Phase, also wenn die Börsenkurse kräftig zulegen, liefert dieser Indikator in der Regel eine deutliche Underperformance zum DAX. Seit der Jahrtausendwende betrug das 1-Jahres-Plus maximal 22,5 Prozent, da schafften alle anderen Strategien deutlich mehr. Besonders schwierig war es für den MACD-Investor in den Erholungsjahren 2009 und 2010. Die volatilen Märkte lieferten hektisch Ein- und Ausstiegssignale. Das Plus der Strategie in den beiden Jahren lag nur bei knapp zehn Prozent. Der DAX dagegen schaffte 40 Prozent.

Trotzdem wird die MACD-Strategie von Profis hoch geschätzt, weil sie das Market-Timing erheblich erleichtert und vor starken Abstürzen schützt. Privatanleger sollten allerdings bedenken, dass sie hohen Aufwand erfordert. Schließlich müssen die Trading-Signale wöchentlich ausgewertet und umgesetzt werden. Bei stark schwankenden Märkten werden zudem häufige Ein- und Ausstiege ausgelöst, die jeweils Kosten verursachen.

Auch Fondsmanager setzten auf Trendfolgemodelle. Götz Kirchhoff ist einer von ihnen. Der Gründer der Fondsgesellschaft Avana Invest vertraut auf die alte Börsenweisheit und setzt sie bei seinen ETF-Dachfonds konsequent um. „Es gibt nichts Besseres als den Trend. Wer ihm folgt, macht alles richtig", sagte er mir. „Die Kunst ist es, Trendwechsel möglichst zu erkennen – unsere Systeme sind da sehr sensitiv – und dann auch konsequent zu handeln." Und zwar völlig emotionslos. Avana arbeitet mit gleitenden Durchschnitten. Durchstößt der Index den gleitenden Durchschnitt von unten nach oben, liegt ein Kaufsignal vor, umgekehrt ein Verkaufssignal. Der Computer erkennt dabei Trends und gibt dann die entsprechenden Kauf- oder Verkaufssignale. Sein Beweis dafür, dass das System funktioniert: „In den ersten zwei Jahren der Finanzkrise hat der Abwärtstrend bei Aktien in der Spitze zu Kursverlusten von gut 60 Prozent geführt", sagt Götz Kirchhoff. „Mit einem intelligenten Trendfolgesystem hätte ein Großteil der Verluste vermieden werden können." Der anschließende Aufwärtstrend habe hingegen enorme Kurschancen geboten.

Doch auch er muss eingestehen, dass Trendfolgemodelle in turbulenten Börsenzeiten ihre Tücken haben. „Es gibt Ereignisse, die sich mit der Trendanalyse – aber auch mit anderen Verfahren – kaum in den Griff bekommen lassen", sagt er. In der europäischen Schuldenkrise war das beispielsweise der überraschende Vorschlag des damaligen griechischen Premiers Giorgos Papandreou Anfang November 2011, eine Volksbefragung über das gerade erst von den EU-Staats- und Regierungschefs beschlossene Sparpaket durchzuführen. Auch die massive Flutung der Märkte mit Liquidität durch die Notenbanken Ende November 2011 sei quasi über Nacht gekommen. „Beide Ereignisse führten zu abrupten Trendwechseln", sagt Kirchhoff. „In solchen Fällen wird der Anleger mit der Trendfolgeanalyse eher hinter der Marktentwicklung zurückbleiben." Dies sollten Investoren als eine Art „Versicherungsprämie gegen Extremverluste" ansehen, rät er. Denn gerade darin, diese Verluste zu vermeiden, liege der wesentliche Vorteil der Börsenweisheit „The Trend is your Friend".

In turbulenten Börsenzeiten wechseln die Trends immer schneller. Für Privatanleger wird es dadurch extrem schwierig, die kurzlebigen Trends zu erkennen. „The Trend is your Friend" ist keine sinnvolle Strategie für Privatanleger – gerade in unbeständigen Zeiten. Manchmal kann sich der Trend – entgegen der Börsenweisheit – sogar als Feind ihres langfristigen Anlageerfolgs entpuppen, nämlich wenn er uns in Übertreibungsphasen mitreißt und wir sein Ende nicht rechtzeitig erkennen.

Häufig scheitern gerade Privatanleger auch an ihrer eigenen Psyche. Entgegen jeglichem Bauchgefühl zu handeln ist nämlich gar nicht so einfach. Vor allem dann nicht, wenn es um Geld geht. Gerade Anleger, die weniger Erfahrung an der Börse haben, bekommen erst dann Lust auf Aktien, wenn die Rallye fast schon vorbei ist. Und verkauft wird oft, wenn die Kurse am Boden sind. Vorher regierte das Prinzip Hoffnung. Nicht umsonst heißt eine andere Börsenweisheit: Steigen die Kurse, kommen die Privatanleger. Fallen die Kurse, gehen die Privatanleger.

Und selbst wenn Strategien wie die RSL-Methode in der Vergangenheit gute Resultate gebracht haben, gibt es noch ein anderes Problem: Gerade Privatanleger haben oft eine Hemmschwelle, in einen bereits stark gestiegenen Titel noch zu investieren. Sie suchen lieber nach deutlich gefallenen Werten. Doch gerade diese Jagd nach vermeintlichen Tiefstkursen kann ihnen hohe Verluste einbringen. Genau davor warnt die nächste Börsenweisheit: Greife nie in ein fallendes Messer.

# 6

# Greife nie in ein fallendes Messer.

Aktionäre von Deutschlands zweitgrößter Bank, der Commerzbank, sind Leid gewöhnt. Egal, ob Langfristinvestor oder Investor mit eher mittlerem Anlagehorizont, das Ergebnis ist das gleiche: ein dickes Minus im Depot. Vor der Finanzkrise kosteten ihre Anteilscheine mehr als 200 Euro. Danach ging es fast ununterbrochen abwärts. Auch wer zu vermeintlich günstigen Kursen nachkaufte, hat wenig Grund zur Freude. Immer wenn es danach aussah, als könne der Kurs sich erholen, sackte er anschließend noch weiter ab. In den vergangenen fünf Jahren hat die Aktie mehr als 90 Prozent ihres Wertes verloren.

Wer immer weiter zukaufte, machte Bekanntschaft mit dieser Börsenweisheit: Greife nie in ein fallendes Messer. Denn nicht nur in der Küche gilt: Wer in ein fallendes Messer greift, schneidet sich natürlich in die Finger. Im übertragenen Sinn gilt dies auch für die Börse – wenn Anleger nach einem kräftigen Kursrückgang ein Schnäppchen wittern, die Kurse dann aber noch viel weiter fallen. Gerade Privatanleger tappen häufig in diese Falle.

So wie beispielsweise Dr. A. Er ist leitender Beamter, Anfang 60 und überdurchschnittlich intelligent. An der Börse ist er seit vielen Jahren aktiv, hat gute wie schlechte Erfahrungen gemacht – und natürlich auch Fehler. Vor allem wenn es um die Commerzbank-Aktie geht. Er kauft die Aktie im Sommer 2011 – inmitten der Eurokrise. Doch Dr. A. ist überzeugt, alle Risiken seien eingepreist, schließlich ist die Aktie schon kräftig unter die Räder gekommen. Doch das stimmt leider nicht. Die Commerzbank-Banker entdecken neue Gift-Papiere in den Bilanzen, die abgeschrieben werden müssen. Der Kurs sinkt. Dr. A. kauft nach, um seinen durchschnittlichen Einstiegskurs zu reduzieren. Seit mittlerweile fünf Jahren stolpert die Bank von einem Restrukturierungsprogramm ins nächste – ohne nennenswerten Erfolg. Der Kurs sinkt. Dr. A. kauft weiter zu. Das

Finanzhaus braucht immer neues Geld. Auf die Kapitalerhöhung im April 2011 folgt im Frühjahr 2013 schon die nächste. Dr. A. ist dabei, investiert weiter. Doch seine Verluste wachsen. Er erträgt das mit einem Schuss Ironie – irgendwann, so hofft er, wird es schon wieder aufwärts gehen. Einen mittleren fünfstelligen Betrag hat der arme Kerl mittlerweile verbrannt – eine schmerzhafte Wunde, wie er mir immer wieder erzählt, wenn wir uns zufällig über den Weg laufen.

Die Börsenweisheit vom fallenden Messer soll Sie anregen, die wahren Ursachen eines Kursrückgangs zu analysieren und zu bewerten. Sie warnt davor, in einen Kursrückgang hinein zu kaufen. Stattdessen sollten Sie erst nach einer Bodenbildung oder einem kleinen Kursanstieg zugreifen. Sie sollten das Messer erst aufheben, wenn es auf dem Boden liegt. Doch das ist nicht ganz einfach, weil die Kurse nach einer kleinen Erholung oft weiter fallen.

Es ist ein bisschen wie in einem Actionfilm. Ein Fahrstuhl stürzt in atemberaubender Geschwindigkeit in die Tiefe, hält dann abrupt an. Die Insassen atmen auf und hoffen, das Schlimmste sei überstanden, sie wiegen sich sogar in Sicherheit. Doch dann ruckelt es kurz und der Absturz geht weiter, scheinbar ungebremst rauscht die Kabine abwärts. Es folgt ein weiterer Stopp, neue Erleichterung und Hoffnung keimen auf, doch schon stürzt der Aufzug wieder in die Tiefe, und so weiter und so fort. Wie dieses Horrorszenario endet, erfahren Sie relativ schnell – schließlich ist die Spielzeit des Films begrenzt. An der Börse ist es leider etwas komplizierter.

Commerzbank-Aktionäre wie Dr. A. kommen sich oft vor wie die Insassen eines abstürzenden Fahrstuhls. Der Kursrutsch will und will nicht enden, Monat für Monat geht es weiter abwärts – und das nun schon seit Jahren. Die Gründe liegen auf der Hand: Die Bank musste vom Staat vor der drohenden Pleite gerettet werden. Nicht nur die Finanzkrise, auch die darauf folgende europäische Schuldenkrise traf die Commerzbank besonders hart. Zwar hat das Institut seine Kapitalstruktur mittlerweile verbessert – den diversen Kapitalerhöhungen sei Dank –, die Dresdner Bank ist integriert und auch die Bilanzen sehen wieder besser aus, doch Analysten bleiben vorsichtig. Es fehlt eine überzeugende Strategie, es fehlt die Fantasie, Bankchef Martin Blessing könne das Geldhaus in eine erfolgreiche Zukunft lenken. Zu hoch sind die Risiken, zu gering die positiven Impulse für die Aktie.

Hätte es übrigens keine Kapitalmaßnahme gegeben, bei der im Frühjahr 2013 aus zehn Commerzbank-Aktien eine wurden und sich der Kurs optisch verzehnfachte, wäre die Aktie zum Pennystock verkommen. Ein Anteilschein wäre also für weniger als einen Euro zu haben gewesen.

Das Beispiel der Commerzbank zeigt, dass die Börsenweisheit ihre Gültigkeit nicht verloren hat. Es kann böse Schnittwunden geben, wenn Sie in ein fallendes Messer greifen. Eine Aktie mag besonders günstig erscheinen, wenn der Kurs um einige Prozent abgesackt ist. Doch wie erkennen wir, ob das wirklich das Ende des Absturzes war oder ob es weiter abwärts gehen wird? Genau hier liegt das Problem. Nicht jede Aktie erreicht nach einem drastischen Kursrutsch wieder frühere Höhen. Manche dümpeln auch nach Jahren noch auf tiefem Niveau vor sich hin. Dafür kann es verschiedene Gründe geben: Vielleicht hat das Unternehmen einfach seinen Zenit überschritten oder seine Zukunftsaussichten eingebüßt oder Missmanagement ist der Grund.

## Frühes Zugreifen zahlt sich selten aus

Ein prominentes Beispiel ist die Infineon-Aktie: Von Herbst 2007 bis März 2008 rutschte der Kurs von zwölf auf vier Euro ab. Sollten Sie die Aktie damals für ein Schnäppchen gehalten und beherzt gekauft haben, haben Sie eine böse Überraschung erlebt. Denn der Kurs sackte weiter ab, sogar unter einen Euro. Experten raten zu warten, bis sich ein gewisser Boden gebildet hat, um dann wieder in einen steigenden Markt zu investieren. Doch diesen Boden zu erkennen ist nicht immer leicht. Und auch dann ist die Kurserholung – gepaart mit satten Gewinnen – nicht gewährleistet. Ein Richtwert ist die 200-Tage-Linie. Wenn dieser Kursdurchschnitt von unten nach oben durchschnitten wird, ist das ein Einstiegssignal. Das war bei Infineon erst im Frühjahr 2009 der Fall. Danach ging es lange bergauf. Im Sommer 2013 notierte der ehemalige Pennystock bei gut sieben Euro. Eine Garantie für solche Kursgewinne gibt es natürlich nicht.

Sehr frühes Zugreifen zahlt sich aber selten aus. Zwar raten manche Experten sogar, Anleger sollten sich gerade dann mit Aktien eindecken, wenn die Kurse stürzen. Getreu der Börsenweisheit: „Kaufen, wenn die Kanonen donnern." Aber die Experten raten auch zur Vorsicht, wie etwa Andreas Fritsch. Er glaubt, dass es durchaus sinnvoll sein kann, nachzukaufen, wenn Sie von Ihrem Engagement überzeugt sind und es immer noch in Ihre Strategie passt. Allerdings macht der Experte für Anlegerverhalten und Coach eine Einschränkung: „Auch wenn es ums Nachkaufen geht, sollten Anleger nicht blind reagieren. Wer panisch nachkauft, kann auch einen Fehler machen. Man verletzt sich unweigerlich, wenn man versucht, panisch das Messer aufzufangen", sagte er mir in einem Gespräch. „Besser ist es doch, das Messer am Griff zu greifen, wenn es auf der Tischplatte oder dem Boden gelandet ist. Es gilt, Ruhe zu bewahren – in der Küche ebenso wie an der Börse."

Doch wie können Sie zwischen einem fallenden Messer und einem zwischenzeitlichen Kursrücksetzer unterscheiden? Das ist gar nicht so einfach. Solange sich die Kurse im freien Fall befinden, können Sie nicht wissen, ob es sich um die Endphase eines zwischenzeitlichen

Kursrücksetzers oder um ein fallendes Messer handelt. Die Erfahrung lehrt, dass Börsen sowohl in Aufwärts- als auch in Abwärtsbewegungen zu Übertreibungen tendieren. Wer hätte gedacht, dass eine Aktie wie Nokia, die im März 2000 noch bei 55 Euro notierte, einmal für knapp über einem Euro zu haben sein würde? Überlegen Sie sich deshalb sehr genau, ob Sie stark fallende Wertpapiere wirklich kaufen wollen.

Wer nicht in ein fallendes Messer greifen will, muss auf das Umfeld achten. Bei negativen Unternehmensschlagzeilen, einem Gewinneinbruch oder schlechten Zukunftsaussichten beurteilen Aktionäre den weiteren Kursverlauf negativ. Sie neigen dazu, Aktien zu verkaufen. Damit setzt eine Abwärtsspirale ein: Schlechte Analysten-Bewertungen oder Stop-Loss-Verkäufe folgen und wirken nochmals negativ auf den Kurs. Je länger solche negativen Meldungen anhalten, desto größer ist die Wahrscheinlichkeit, dass es sich um ein fallendes Messer handelt.

Wenn die Konjunktur sich abschwächt, gleichzeitig die Produktivität sinkt, Handelsströme rückläufig sind oder eine anhaltende Fehlentwicklung in der Industrie oder der Finanzwirtschaft zu erkennen ist, dann können auch das Vorboten eines nachhaltigen Kurssturzes sein. Sind solche Tendenzen nicht erkennbar, die globale Wirtschaft ist intakt und robust, Unternehmen sind effizient aufgestellt und ihre Umsätze und Gewinnmargen solide, sind Kursrücksetzer eher von kurzer Dauer.

Meistens werden solche Rücksetzer durch exogene Ereignisse ausgelöst. Das können Naturkatastrophen wie in Japan, geopolitische Spannungen oder Kriegsszenarien auf der Staatenebene oder kurzfristige, meist emotionale Irrationalitäten sein. Diese Szenarien werden meist schnell auf der Kursseite wieder geglättet, es handelt sich somit lediglich um einen kurzfristigen Kursrücksetzer, den Sie zu taktischen Nachkäufen nutzen können. Sie müssen die Werte, das breite Marktumfeld und unterschiedliche Analystenmeinungen also genau beobachten. Zeichnet sich ein gemischtes Bild mit sowohl positiven als auch negativen Botschaften ab, spricht das eher für einen zwischenzeitlichen Kursrücksetzer als für ein fallendes Messer. Solche Kursdellen können Sie außerdem nutzen, um Ihren durchschnittlichen Einstiegskurs zu verbilligen.

## Anleger lassen Verluste zu lange laufen

Gerade wenn die Börsen Achterbahn fahren und die Verunsicherung an den Märkten groß ist, winken solche Chancen. Denn unter dem schlechten Umfeld leiden vielfach solide Aktien starker Unternehmen, deren Kurs zu Unrecht abgestraft wird. Wer glaubt, dass die europäische Schuldenkrise mit der Hilfe der Notenbanken eingedämmt werden kann, die Konjunktur sich stabilisiert und die Inflationsraten dann steigen, kann nach Sachwerten wie Aktien Ausschau halten. Wer dagegen Rezession und jahrelange Baisse fürchtet, sollte sich von Aktien fernhalten.

Stürzen die Aktien rasant ab, lässt sich bei vielen Anlegern übrigens ein psychologisches Phänomen beobachten: Sie spielen Vogel Strauß, nur um sich den Irrtum nicht eingestehen zu müssen. Das Hirn setzt aus, das Gefühl siegt. Oder der Stolz. Die Aktie wird auf Teufel komm raus gehalten, durch Nachkäufe – Achtung, fallendes Messer! – wird der Kaufkurs verbilligt, wenigstens diesen Einstiegskurs soll sie eines Tages wieder erreichen. Ein Gedanke, den auch Dr. A. sehr gut kennt. Würde er die Commerzbank-Aktie nämlich aus dem Depot schmeißen, würde er nicht nur den Verlust, sondern auch seine Fehlentscheidung materialisieren. Und das ist manchmal noch viel schlimmer als die dicken Minuszeichen auf dem Depotauszug. Und es ist einer der Gründe, warum Investoren Verluste so lange laufen lassen. Oft ist es aber besser, die Reißleine zu ziehen und vor allem nicht auch noch in das fallende Messer zu greifen.

Doch auch ein fallendes Messer landet irgendwann auf dem Boden. Und dann kann daraus sogar eine echte Börsenperle werden. Beherztes Zugreifen ist dann sogar äußerst lukrativ. An der Börse finden sich immer wieder Aktien, die den Turnaround geschafft haben und zu einer kleinen Rallye durchstarten. Dem geht meist ein sehr langer Kursrutsch voraus. Haben Sie also Geduld.

Dass die Börsenregel „Greife nie in ein fallendes Messer" noch gilt, würde niemand bestreiten. Sie lässt sich jedoch gerade für Privatanleger schwer anwenden. Sie erkennen den Unterschied zwischen fallendem Messer und kurzfristigem Kursrücksetzer meistens erst hinterher. Denn Investoren brauchen viel Fachwissen und detaillierte Informationen, um einschätzen zu können, ob ein Kursrutsch nachhaltig oder nur kurzfristig ist.

Sogar Profis greifen immer wieder ins fallende Messer. Der amerikanische Trader Dennis Naso fühlte sich im August 2011 an den großen Crash von 1987 erinnert, genauer an den Handelstag davor. „Da waren die Kurse im freien Fall", erzählte er dem *Tagesspiegel*. „Am Nachmittag, kurz vor Handelsschluss, sind wir dann selbst eingestiegen. Die Händler haben gekauft, was zu kaufen war. Viele haben geglaubt, sie machen das Geschäft ihres Lebens. Bekämen Aktien so günstig wie nie. Und dann kam am Montag der Crash." Viele Händler verloren Millionen.

Auch wenn niemand vor dem Griff ins fallende Messer sicher ist, können Sie sich zumindest schützen: Bewerten Sie möglichst emotionsfrei die Ursachen des Kursrückgangs. Denn verfrühte Käufe oder gar das jahrelange Aussitzen massiver Verluste kosten nur Geld und Nerven. Eine Garantie für den optimalen Einstiegszeitpunkt gibt es nicht. Verpassen Sie lieber die ersten Renditepunkte, als komplett falsch zu liegen.

Machen Sie es nicht wie Dr. A., der fast schon krampfhaft versucht, sein Engagement bei der Commerzbank irgendwie zu retten. Er kauft nach, wenn das Messer im freien Fall ist, schneidet sich in die Finger, lernt aber nichts dazu. Er versucht verzweifelt, seinen Einstiegskurz durch Nachkäufe zu reduzieren, dabei verbrennt er aber immer mehr Geld. Das tut weh, aber scheinbar nicht weh genug, um den Schlussstrich zu ziehen.

# 7

**Steigen** die Kurse, **kommen** die Privatanleger. **Fallen** die Kurse, **gehen** die Privatanleger.

Gute Laune steckt an. Wenn um uns herum alle feiern, sich über ihre Erfolge freuen und nur so strotzen vor Aktionismus, dann steckt uns das an – auch an der Börse. Ist die Stimmung fast schon euphorisch und die Kurse kennen scheinbar nur noch eine Richtung, lassen sich auch die größten Skeptiker unter uns mitreißen und steigen ein. Wenn alle kaufen und mit ihren Gewinnen prahlen, dann wollen wir schließlich dabei sein. Wer will schon zugeben müssen, die Party zu verpassen? Selbst diejenigen, die Aktien und Börse eigentlich für Teufelszeug halten, kippen in Rallye-Zeiten um, lassen sich von der Euphorie infizieren und wagen den Schritt auf das Parkett. Jeder will dabei sein. Ein klassischer Fall von Herdentrieb.

Den gibt es auch, wenn die Börsenkurse in den Keller rauschen. Selbst eingefleischte Börsianer fangen dann an zu zweifeln, werden immer unruhiger. Irgendwann verlieren sie die Nerven, kippen ihre langfristig angelegten Strategien und ziehen schließlich die Reißleine. Ein oft beobachtetes Phänomen.

Vor allem Privatanleger lassen sich von der Herde mitreißen – in die eine wie in die andere Richtung. Nicht umsonst heißt eine bekannte Börsenweisheit: „Steigen die Kurse, kommen die Privatanleger. Fallen die Kurse, gehen die Privatanleger." Auch sie stammt von André Kostolany. Allerdings benutzte er nicht das Wort Privatanleger, sondern er sprach vom Publikum. Gemeint ist aber dasselbe: Die Privaten steigen regelmäßig zu spät ein, nämlich wenn die Börsenparty schon in vollem Gange, das Hoch fast erreicht ist und die größten Gewinne bereits eingefahren sind. Und sie steigen regelmäßig zu spät aus, nämlich wenn die Kurse abschmieren und sie damit dicke Verluste realisieren. Klar, dass sie dann auch den Wiedereinstieg nahe den Tiefstkursen verpassen und erst wieder auf das Parkett zurückkehren, wenn die Rallye wieder auf Hochtouren läuft.

Privatanleger machen nämlich leider häufig den Fehler, sich viel zu stark von der aktuellen Börsenstimmung leiten zu lassen. Deshalb kaufen sie erst, wenn die meisten Profi-Anleger schon gekauft haben und die Kurse entsprechend hoch stehen. Leider verkaufen sie auch erst, wenn eine Verkaufswelle schon empfindliche Verluste in ihre Depots gerissen hat. Ist die Stimmung mies, ist auch die Sorge groß, dass diesmal wirklich die Welt zusammenbrechen könnte. Diese Sorge ist dann viel stärker als die Zuversicht, dass sich die Wirtschaft, die Unternehmen und ihre Aktien wieder erholen. Packt uns die Panik, wollen wir nichts als raus. Raus aus dem Markt, raus aus Aktien und vor allem raus aus unseren Verlusten. Letztere realisieren wir natürlich erst durch den Verkauf – und berauben uns jeglicher Chance auf Erholung.

Wissenschaftler und Experten für Börsenpsychologie haben in unzähligen Studien und Umfragen bewiesen, dass Privatanleger prozyklisch agieren. Sie haben hohe Aktienbestände, wenn die Indizes angestiegen sind, und niedrige, wenn die Börsenbarometer abgeschmiert sind. Das ist kein Wunder, denn wir denken gewöhnlich linear. Wir haben an den Finanzmärkten Schwierigkeiten damit, Dinge zu verkaufen, deren Preis steigt. Ebenso schwer fällt es uns, Aktien – also Unternehmensbeteiligungen – dann zu kaufen, wenn ihr Kurs beziehungsweise ihr Preis fällt und wir sie günstig einsammeln können.

Im Supermarkt oder beim Bauern fällt uns das viel leichter. Aber Finanzprodukte sind eben nicht wie Spargel. Wenn der Spargelpreis steigt, kaufen wir entweder weniger oder wir entscheiden uns für Brokkoli. In der Welt der Finanzen machen wir es genau anders herum: Wir kaufen eine Aktie oft viel zu teuer ein, weil wir hoffen, dass ihr Kurs noch weiter steigt. Und wir verkaufen sie, weil wir Angst haben, dass sie weiter fällt. Wir kaufen teuer und verkaufen billig. Auf dem Bauernmarkt machen wir es genau andersherum.

Natürlich spricht grundsätzlich nichts dagegen, sich von Papieren zu trennen, die unsere Erwartung nicht mehr erfüllen. Die Lage eines Unternehmens kann sich rapide verschlechtern. Denken Sie nur an einstige Börsenstars wie Nokia. Der ehemals gefeierte Handyhersteller verschlief den Trend zum Smartphone. Die Aktie stürzte ab und kam und kam nicht wieder auf die Beine. Selbst wenn sie den Turbo einlegen würde, würde das langjährigen Aktionären kaum helfen. Ein Papier, das um 50 Prozent gefallen ist, muss bekanntlich um 100 Prozent steigen, um sich zu erholen. Kostet eine Aktie zehn Euro und stürzt um 50 Prozent auf fünf Euro ab, muss sich der Kurs verdoppeln, damit sie wieder zehn Euro kostet. Und bei Nokia ist das Minus je nach Einstiegszeitraum sehr viel höher. Das Problem ist, dass schlechte Papiere viel zu lange in unseren Depots liegen. Das ist einer der Hauptfehler, die wir an der Börse machen können: Wir begrenzen unsere Verluste nicht.

## Gut gelaufene Aktien steigen oft weiter

Viele von uns haben allerdings auch Probleme mit guten Kursentwicklungen. Wir lassen die Gewinne nicht laufen. Wie oft habe ich mich schon geärgert, dass ich die Aktien des Modekonzerns Hugo Boss verkauft habe. Mehr als 100 Prozent Gewinn sollte ich realisieren, dachte ich. Eine Kursverdoppelung ist natürlich eine feine Sache. Der Kursanstieg ging nach meinem Ausstieg allerdings Monat für Monat weiter und ich war nicht mehr dabei. Und das ist mir nicht das erste Mal passiert. Gut gelaufene Aktien steigen oft weiter. Lassen Sie die Gewinne also laufen und orientieren Sie sich beim Verkauf von Gewinnerpapieren nicht an willkürlichen Marken wie der Verdoppelung des Kaufpreises oder am Erreichen eines Jahres- oder Allzeithochs.

Das tun nämlich viele Anleger. Deshalb kommt es bei Jahreshochs, Tausendermarken oder Allzeithochs immer wieder zu Verkäufen – selbst wenn die alten Hochs schon Jahre zurückliegen und sich die ökonomischen Voraussetzungen mittlerweile völlig gewandelt haben. Die Angst, die schönen Gewinne könnten wieder zerrinnen, ist leider oft übermächtig. Deshalb werfen wir häufig unsere besten Papiere aus dem Portfolio. Doch was steigt, kann durchaus weiter steigen.

Dass ich die Hugo-Boss-Aktien verkauft habe, ist natürlich ärgerlich. Allerdings ist auch noch niemand davon arm geworden, Gewinne mitzunehmen. Wohl aber davon, Verluste nicht zu begrenzen. Deshalb ärgere ich mich auch sehr viel mehr über Aktien, die seit Jahren vor sich hindümpeln oder gar im Minus notieren, als ich mich über entgangene Gewinne ärgere.

Experten für Börsenpsychologie würde das nicht weiter wundern. Anleger schätzen Verluste nämlich etwa zweieinhalb Mal gravierender ein als Gewinne in gleicher Höhe. Untersuchungen haben gezeigt, dass es uns deutlich lieber ist, viermal 200 Euro Gewinn und einmal 800 Euro Verlust zu machen als umgekehrt einmal 800 Euro Gewinn und viermal 200 Euro Verlust. Dabei besteht unter dem Strich kein Unterschied. Doch im zweiten Fall müssten wir uns eingestehen, viermal die falsche Entscheidung getroffen zu haben.

Das ist auch der Grund, warum Verlustpositionen viel zu lange im Depot bleiben – in der Hoffnung, dass sich das betroffene Papier schon wieder erholen wird. Das geht so weit, dass wir uns die falschen Entscheidungen schönreden – selektive Wahrnehmung nennen die Experten das. Wir stellen unbewusst vereinzelte positive Analysen oder Nachrichten zu einer Aktie in den Vordergrund, Negatives verdrängen wir oder tun es als irrelevant ab. Im schlimmsten Fall kaufen wir fallende Papiere sogar noch nach, um unseren durchschnittlichen Einstandspreis zu senken. Erinnern Sie sich nur an das fallende Messer, Dr. A. und die Commerzbank-Aktie.

Verluste setzen uns sogar dann zu, wenn sie erst einmal nur virtuell sind. Solange Sie Ihre Aktien bei fallenden Kursen nicht verkaufen, steht der Verlust nur auf Ihrem Depotauszug. Wenn Sie weiterhin von dem Unternehmen überzeugt sind und nicht gerade mit einer Wirtschaftskrise rechnen, könnten Sie einfach warten, bis die Kurse sich erholt haben, und kämen ohne Schaden aus der Sache heraus. Leider funken uns in diesem Fall oft unsere Emotionen dazwischen. Statt Ruhe zu bewahren und abzuwarten, geraten wir in Panik – und realisieren die Verluste in der realen Welt.

Zu früh verkauft, zu lange liegen gelassen – in beiden Fällen wäre es sinnvoller gewesen, wenn wir bei unseren Investments einem klaren Plan folgen würden. Experten haben natürlich eine Faustregel für uns parat: Wenn wir ein Investment eingehen, sollte der angestrebte Gewinn etwa dreimal so hoch sein wie das Risiko, das wir zu tragen bereit sind. Wer einem Papier also beispielsweise ein Plus von 60 Prozent zutraut, muss die Notbremse bei einem Minus von 20 Prozent ziehen.

Am einfachsten funktioniert das mit Stop-Loss-Kursen, also dem Auftrag an die Bank, das Papier bei einem entsprechenden Verlust automatisch zu verkaufen. Ich bin allerdings kein Freund von Stop-Loss-Kursen. Die Onlinebroker lassen sich diese Orders nämlich Monat für Monat bezahlen und das mindert vor allem bei kleineren Positionen empfindlich die Rendite. Alternativ können Sie ein Musterdepot auf einer Onlineseite oder sogar bei Ihrem Broker anlegen und sich per Mail über das Unterschreiten bestimmter Kurse informieren lassen. Sie müssen dann aber natürlich auch konsequent handeln, denn sonst bringt das Ganze nichts. Die deutlich teurere Variante mit der Stop-Loss-Order schützt Sie natürlich sehr viel zuverlässiger vor weiteren Verlusten, denn sie schaltet Emotionen aus – und löst automatisch die Verkaufsorder aus.

Neben den Kosten gibt es aber noch einen zweiten Grund, warum ich Stop-Loss-Kurse nicht mag: die heftigen Kursschwankungen der vergangenen Monate und Jahre. Ich lege den Großteil meines Geldes langfristig an und sollte die kräftigen Ausschläge an den Börsen eigentlich aussitzen können. Fange ich allerdings an, über Stop-Loss-Kurse nachzudenken, dann denke ich auf einmal kurz- oder zumindest mittelfristig. Und genau das will ich nicht.

Je nach Strategie sind Stop-Loss-Kurse aber natürlich eine sinnvolle Sache, gerade wenn Sie etwas kurzfristiger investieren und nicht mit einem Anlagehorizont von 10 oder 20 Jahren. Sollten Sie sich also für Stop-Loss-Kurse entscheiden, egal ob als echte Order oder als Alarmmeldung in einem Musterdepot – dann vergessen Sie nicht, sie immer wieder neu anzupassen, wenn es an der Börse richtig gut läuft. So sichern Sie Ihre Gewinne für schlechte Zeiten ab und verkaufen garantiert mit einem schönen Plus und nicht erst, wenn Ihre Aktien im Minus notieren und Sie panisch werden.

## Nieten fliegen zu Tiefstkursen aus dem Depot

Oft ist es nämlich leider so, dass Nieten oder abgestürzte Börsenstars erst zu absoluten Tiefstkursen aus dem Depot fliegen. Wir rennen der Herde nämlich oft mit etwas Abstand hinterher, was die Sache noch schlimmer und damit finanziell schmerzhafter macht. Viel besser wäre es, viel früher auszusteigen und nicht die ganze Abwärtsbewegung mitzumachen. Wenn Sie also unbedingt mit der Herde laufen wollen, anstatt langfristig zu investieren und Schwankungen auszusitzen, dann rennen Sie vorne mit und nicht hinterher.

Marktschwankungen sind zwangsläufig mit der Entscheidung von Investoren verbunden, der Masse zu folgen. Erinnern Sie sich noch an die zweite Hälfte der 1990er-Jahre? Von Angst war damals wenig zu spüren, an den Märkten regierte die Gier. Kaum jemand war nicht angesteckt von der euphorischen Stimmung an den weltweiten Börsen. Die Herde galoppierte, angefeuert wurde sie von zahlreichen

Bankberatern und Finanzdienstleistern, die lautstark für Aktieninvestments trommelten und ihre Kunden in den Aktienmarkt trieben. Hierzulande pries der beliebte und angesehene Schauspieler Manfred Krug die Papiere der Deutschen Telekom als „Volksaktie". Die Aktie sollte sich nach dem Börsengang im November 1996 auch prächtig entwickelten – tagtäglich freuten sich Anleger über ihre Gewinne. Jeder, der nicht dabei war, schien Geld zu verschenken. Doch heute wissen wir, dass das Glück der T-Aktionäre endlich, sogar vergänglich war. Und Manfred Krug dürfte seine Auftritte in diversen Fernsehspots und Zeitungsanzeigen bitter bereut haben. Denn die Aktionäre der Telekom haben viel Geld verloren, sehr viel sogar.

Aber der Reihe nach: Der erste Börsengang von dreien war ein voller Erfolg. Am 18. November 1996 startete die Aktie mit einem offiziellen Ausgabepreis von 14,57 Euro und schoss gleich um knapp 21 Prozent in die Höhe. Sehr zur Freude der vielen Privatanleger, die die Aktie gezeichnet hatten, aber nur einen Bruchteil der bestellten Papiere bekamen. Für viele war es das erste Börsenengagement. Auch ich habe damals das erste Mal eine Einzelaktie gekauft. Allerdings habe ich recht schnell meine Gewinne mitgenommen. Denn mir fehlte die Erfahrung und die Vorstellungskraft, wie es mit der Aktie weitergehen könnte. Die Rallye der folgenden Jahre habe ich deshalb leider nicht mitgemacht und mich manches Mal geärgert, weil ich so früh verkauft hatte. Allerdings blieben mir auch die extremen Kurskapriolen erspart.

Denn die Ausschläge waren heftig: Nur ein knappes Jahr nach dem Börsengang fiel die Volksaktie unter ihren Ausgabepreis, erholte sich aber schnell wieder und zog dann kräftig an. Im Juni 1999 brachte das Unternehmen die zweite Tranche an den Markt. Die neuen Aktien kosteten 39,50 Euro. Die Börsenrallye lief auf Hochtouren und die Herde der Investoren riss das Papier mit. Am 6. März

2000 erreichte die T-Aktie ihren bisher höchsten Stand mit einem Kurs von 104,90 Euro. Damit hatten die Papiere ihren Wert binnen dreieinhalb Jahren mehr als versiebenfacht. Wäre ich doch nur dabei gewesen – und möglichst im Frühjahr 2000 ausgestiegen. Denn von da an ging es stetig bergab.

Im Juni desselben Jahres wurde die dritte Tranche von Telekom-Papieren zu 66,50 Euro platziert – und damit deutlich unter dem Allzeithoch. Wer hier zugriff oder schon zu Höchstkursen eingestiegen war, sollte ein blaues Wunder erleben. Überteuerte UMTS-Mobilfunklizenzen, korrigierte Immobilienwerte, eine Übernahme, die die Verschuldung auf mehr als 70 Milliarden Euro nach oben schnellen ließ – eine Hiobsbotschaft jagte die nächste und der Aktienkurs kannte nur noch eine Richtung: nach unten. Am 11. September 2001, dem Tag der Terroranschläge auf die USA, schloss die T-Aktie unter ihrem Emissionspreis des erstens Börsengangs von 14,57 Euro.

Erholt hat sich die Aktie seither nicht mehr. Im Gegenteil, die Herde der Aktionäre trampelte sie immer weiter nieder. Die T-Aktie stürzte sogar unter die Marke von zehn Euro. Im Juni 2009 war das Papier nur noch 7,80 Euro wert. Aktionäre konnten sich lange mit der recht üppigen Dividendenrendite trösten, doch auch die Ausschüttung wurde über die Jahre immer weiter gekappt.

Das Beispiel zeigt gut, wie der Herdentrieb an der Börse funktioniert. Im Internetrausch trieb die Meute den Kurs in die Höhe, das böse Erwachen folgte im Jahr 2000. Die Blase platzte, die Märkte crashten, von Euphorie keine Spur, dafür kam das Unverständnis. Niemand hatte in den Jahren davor an Kennzahlen wie das Kurs-Gewinn-Verhältnis gedacht. Doch nun waren solche Größen auf einmal wieder wichtig – suggerierten aber leider kein Wachstum. Die Herde war in die völlig falsche Richtung gelaufen. Die Bedeutung des Internets war und ist zwar real und von Dauer, aber viele Unternehmen, in die

Anleger investierten, waren Luftnummern. Und für seriöse Unternehmen wie die Deutsche Telekom wurden viel zu hohe Preise gezahlt. Als es krachte, zog der Abwärtstrend auch die Aktien etablierter Technologiegiganten in die Tiefe. Die Herde zog weiter und eröffnete geduldigen Anlegern eine seit Langem erwartete Chance, die überlebenden, qualitativ hochwertigen Unternehmen zu Schnäppchenpreisen zu erwerben.

## Auch Profis verfallen dem Herdentrieb

Viele haben damals ihr Lehrgeld gezahlt. Aber haben sie auch etwas gelernt? Wohl nur bedingt, denn jeder Aktienmarkt-Zyklus zeigt deutliche Effekte eines Herdentriebs. Und dem verfallen nicht nur die meisten Privatanleger, sondern auch Profis. Auch sie haben einen Hang dazu, prozyklisch zu investieren. Sie müssen sich schließlich auch die Fragen ihrer Kunden gefallen lassen, warum sie in dieser oder jener Top-Aktie nicht investiert sind. Alle rennen sie mit der Herde mit. „90 Prozent der Börsenspieler haben keine Ideen, geschweige denn Überlegungen“, sagte André Kostolany einst. „Sogar Renn- und Totospieler haben Ideen und Motivation. Die Börsenspieler gehen meist nur blind mit der Masse.“

Psychologen erklären das mit der Angst, eine Aufwärtsbewegung zu verpassen, oder betroffen zu sein, wenn die Kurse abstürzen. Die Statistik jedoch beweist ganz klar: Panikverkäufe sind eine schlechte Idee. Und genauso wenig bringt es, kopflos jedem kurzfristigen Trend zu folgen, den gerade Privatanleger dann fast immer zu spät erwischen. Herdentrieb führt zu Fehlentscheidungen. Paradoxerweise werden Marktschwankungen von Investoren wie ein isoliertes Phänomen betrachtet. Ihnen fällt dabei nicht auf, dass ihre eigene Furcht durch die der zahllosen anderen Investoren vermehrt wird und somit Marktturbulenzen verstärkt.

Den Herdentrieb gibt es aber nicht nur an der Börse. Er ist vielmehr ein ganz normales menschliches Verhaltensmuster und gelegentlich sogar vorteilhaft. In bestimmten Situationen ist es völlig rational, der Herde zu folgen. Etwa wenn Sie sich für ein sehr gut besuchtes statt für ein leeres Restaurant für Ihr Abendessen entscheiden. Es hat sicher einen Grund, warum vor dem einen Laden eine Schlange steht, während der andere verschmäht wird. Top-Restaurants sind nie leer.

An der Börse kann der Herdentrieb jedoch zu ernsthaften Investmentfehlern führen. Häufig ist er der Vorläufer von Spekulationsblasen. Was als natürliche Tendenz beginnt, am Wachstumsweg eines Unternehmens teilzuhaben, kann schnell mit tragischen Verlusten enden. Denn die Euphorie explosiver Kurssteigerungen unterhöhlt das Urteilsvermögen der Investoren. Es zählt nur noch, dass der Kurs steigt, nicht mehr das Warum. Eine solche Aktie müssen wir dann einfach haben. Die Gier überwiegt.

Ob Privatanleger oder institutioneller Investor – an der Börse regieren oft die Emotionen. Doch das ist ein Fehler. Gier, Euphorie, Angst und Panik haben an der Börse nichts zu suchen. Aber das ist eben nur die Theorie. In der Praxis bestimmen Emotionen die Börse. Das ist auch der Grund, warum Privatanleger oft ihre eigene Anlagestrategie vergessen und auf das reagieren, was sie am Markt als Kursgewinne oder suggerierte Kurschancen sehen. Kostolany beschrieb das einmal so: „Die massenpsychologischen Reaktionen sind an der Börse wie im Theater: Einer gähnt, und in kürzester Zeit gähnt jeder. Hustet einer, hustet sofort der ganze Saal."

## Selektive Wahrnehmung führt ins Verderben

Das Handeln gegen die eigene Gefühlslage ist extrem schwierig. Es scheint oft so viele Gründe zu geben, warum prozyklisches Handeln logisch erscheint. Zur Not werden Nachrichten eben umgedeutet oder gleich ganz ignoriert – Stichwort selektive Wahrnehmung. Doch das führt ins Verderben. Internetforen zum Thema Börse sind beispielsweise voll von Menschen, die weitgehend Zugang zu den gleichen Informationen haben, aber völlig entgegengesetzte Ansichten vertreten. Einige haben gekauft und suchen nach Gründen, die ihre Entscheidung bekräftigen, andere haben verkauft und wollen eine Bestätigung, dass sie das Richtige getan haben. Lange nach der ursprünglichen Analyse, die einer Kaufentscheidung zugrunde lag, halten viele Investoren daran fest, selbst wenn sich die Rahmenbedingungen verändert haben. Klingt verrückt? Haben Sie noch nie versucht, eine Anlageentscheidung vor sich selbst zu rechtfertigen, obwohl Sie im Grunde wussten, dass Sie einen Fehler gemacht haben? Ich ertappe mich ab und zu dabei. Das Gehirn funktioniert eben nicht wie ein Taschenrechner und Menschen sind nicht rational. Entscheidend für unser Handeln sind unsere subjektiven Erfahrungen. Wenn wir das wissen und akzeptieren, sind wir schon auf dem richtigen Weg und können einige Fehler vermeiden.

Übrigens biss sich schon Isaac Newton an der Börse die Zähne aus. Der legendäre Naturwissenschaftler investierte in Südsee-Papiere, kaufte zu einem günstigen Preis und verkaufte, als sich der Kurs verdoppelt hatte. Doch die Aktien der South Sea Company kletterten munter weiter – und Newton kaufte zurück. Dummerweise erwischte er den Höhepunkt der Spekulationsblase und am Ende verlor er fast sein ganzes Geld. Heute, knapp 300 Jahre später, machen wir immer noch die gleichen Fehler. Nicht ökonomische Fakten bestimmen letztlich das Geschehen an den Märkten. Die Kurse seien „zu 90 Prozent Psychologie“, glaubte Börsenaltmeister Kostolany.

Dass wir bei unseren Anlageentscheidungen nicht von Verstand und Vernunft, sondern von Emotionen getrieben sind, hat inzwischen einer neuen Wissenschaft zum Durchbruch verholfen: der verhaltensorientierten Finanzmarktanalyse, der „Behavioral Finance". Sie versucht zu klären, warum Anleger, ob knallharte Profi-Trader oder konservative Gelegenheitskäufer, fast immer zu Opfern ihrer Gefühle werden, und was wir dagegen unternehmen können. Die „Behavioral Finance" wird von Wissenschaft und Finanzwelt mittlerweile sehr ernst genommen. Im Jahr 2002 ging sogar der Nobelpreis für Wirtschaft mit Daniel Kahneman an einen Psychologen, der das systematische Fehlverhalten von Investoren analysiert hatte.

Die Geschichte hat gezeigt, dass es äußerst schwierig ist, den besten Handelszeitpunkt zu kennen. Wer glaubt, das zu können, leidet unter Selbstüberschätzung. Der Herde zu folgen ist auch ein Fehler. Wir kaufen dann zu teuer und verkaufen zu billig. Das ist genau das Gegenteil der Strategie, der Sie folgen sollten. Wer der Herde folgt, handelt prozyklisch. Viel cleverer ist es aber, antizyklisch zu handeln. „Diejenigen, die bei steigenden Kursen kaufen, handeln unter dem Druck der Stimmung. Sie sind die schwachen Hände oder die Zittrigen", sagte Kostolany einst. „Diejenigen, die bei fallenden Kursen kaufen, sind die starken Hände oder ‚die Hartgesottenen', sie handeln mit Überlegung." Niemand weiß das wohl besser als Warren Buffett. Und deshalb rät er auch, gierig zu sein, wenn andere ängstlich sind, und ängstlich zu sein, wenn andere gierig sind.

# 8

# Seid gierig,

wenn andere ängstlich sind, und

# seid ängstlich,

wenn andere gierig sind.

Wer an der Börse erfolgreich sein will, braucht eine Strategie. Nur welche? Sein Geld anzulegen wie es Warren Buffett tut, ist sicher eine der besten. Der wahrscheinlich bekannteste und auch erfolgreichste Investor der Welt ist ein klassischer Value-Investor. Sein Erfolgsrezept ist ebenso einfach wie genial: Buffett investiert in Unternehmen, die weniger kosten, als sie wert sind. Dabei setzt er auf Firmen, die einen dauerhaften Wettbewerbsvorteil haben und eine marktbeherrschende Stellung genießen. Das Gute an seiner Strategie: Sie ist kein Geheimnis und jeder Privatanleger kann sie relativ leicht nachvollziehen.

Der Starinvestor ist seinen Anlageregeln sein Leben lang treu geblieben und damit steinreich geworden. 1965 übernahm Buffett den Textilhersteller Berkshire Hathaway und formte aus dem Unternehmen eine Investmentholding. In den folgenden 48 Jahren hat das Unternehmen 39-mal besser abgeschnitten als das amerikanische Börsenbarometer S&P 500, gemessen an der Veränderung des Buchwerts pro Aktie. Insgesamt legte Berkshire bis zum Sommer 2013 fast 600 Prozent zu, der S&P 500 nur etwas mehr als sieben Prozent. In jüngster Vergangenheit schnitt Buffetts Investmentholding jedoch dreimal schlechter ab als der S&P 500. Das ist natürlich alles andere als ein Grund zur Freude für den Investmentstar und seine Anleger. Allerdings hat der S&P 500 in diesen Jahren deutlich zugelegt, und „wir legen mehr Wert darauf, in schlechten Marktjahren besser abzuschneiden", sagt Buffett.

Sein glückliches Händchen bei der Aktienauswahl hat dem mittlerweile über 80-Jährigen den Spitznamen „Orakel von Omaha" eingebracht. In das Örtchen in Nebraska lädt Buffett auch Jahr für Jahr zu seinem Investorentreffen. Im Mai 2013 pilgerten wieder mehr als 42.000 Aktionäre nach Omaha. Denn das „Annual Shareholders Meeting" von Berkshire Hathaway gleicht mehr einem Volksfest als einer normalen Hauptversammlung, wie wir sie aus Deutschland kennen. Keine langweiligen Reden, keine stundenlangen Diskussionen, stattdessen Unterhaltung pur. Buffett unterhält die Aktionäre und „seine“ Unternehmen verkaufen ihre Produkte – zu Sonderpreisen für alle, die einen Aktionärsausweis haben.

Die Show bestreiten traditionell Warren Buffett und sein kongenialer Partner Charlie Munger. Im Frühjahr 2013 riss die Besucher schon vor deren eigentlichem Auftritt ein 50-minütiges Video von den Stühlen. Es war eine umgedichtete Fassung des Hits „YMCA“ von Village People aus dem Jahr 1978: „We love the managers of BRKA and BRKB.“ Eine Hommage an die Manager der Berkshire-Unternehmen. Die Kürzel BRKA und BRKB stehen für die beiden Aktien, die an der Börse notiert sind. Die A-Shares, die damals pro Stück mehr als 160.000 Dollar wert waren, und die B-Shares, die für etwas über 100 Dollar zu haben waren.

In dem Video zeigten Buffett und Munger viel Humor. Der damals fast 90-jährige Munger wurde als kommender Terminator vorgestellt, Arnold Schwarzenegger hatte einen Auftritt, immer wieder wurden lustige Werbespots der Berkshire-Firmen gezeigt und Buffett spielte zusammen mit Jon Bon Jovi Ukulele. Buffetts Einlagen mit der Ukulele sind inzwischen legendär.

Noch berühmter als für die ausgefallen Akionärstreffen ist Buffett für seinen Anlageerfolg: Heerscharen von Anlegern verfolgen genau, was das Orakel von Omaha kauft – und machen es ihm nach. Oder sie beteiligen sich gleich an Berkshire Hathaway und profitieren so von den Anlageentscheidungen des Starinvestors. Die Top-Positionen in seinem Portfolio sind seit Jahren die gleichen. Zu seinen Lieblingsaktien zählen der Getränkekonzern Coca-Cola, die Ratingagentur Moody’s und der Kaugummihersteller Wrigley. Buffett legt langfristig an, von kurzfristiger Zockerei lässt er die Finger.

Von einigen Ausnahmen abgesehen hat Warren Buffett in den vergangenen Jahrzehnten mit seinen Entscheidungen immer richtig gelegen.

## Value-Investoren denken weit voraus

Doch wie funktioniert das? Buffett ist immer auf der Suche nach Unternehmen, deren wahren Wert noch keiner erkannt hat. Als Value-Investor denkt er weit voraus, manchmal auch um die Ecke. Buffett interessiert sich für Aktien, die nicht im Trend liegen. Von Modeaktien lässt er die Finger. Der Gegenentwurf zum prozyklischen Herdentrieb also. „Seid gierig, wenn andere ängstlich sind, und seid ängstlich, wenn andere gierig sind", empfiehlt Warren Buffett. Der Superinvestor investiert also antizyklisch. Auch Kostolany war überzeugt: „Je geschickter ein Spekulant ist, desto eher geht er gegen die allgemeine Tendenz." Antizyklisches Verhalten zahlt sich an der Börse oft aus.

Buffetts Börsenweisheit mahnt sehr deutlich zur Vorsicht, eine fundamental ausgelegte Investitionsstrategie zu vernachlässigen und sich dem emotionalen Herdentrieb an den Börsen anzuschließen. Buffetts Worte sind natürlich sehr plakativ und auch überspitzt, aber sie haben definitiv ihre Gültigkeit. Sich an der Börse von Gefühlen leiten zu lassen ist gefährlich. Angst und Gier sind bei der Geldanlage schlechte Ratgeber.

Extreme Emotionen führen schnell zu Überreaktionen. Erinnern Sie sich nur an den Spätsommer 2011. Die Schuldenkrise spitzte sich immer weiter zu, Panik regierte die Märkte. Der DAX stürzte binnen weniger Handelstage von über 7.300 auf zeitweise unter 5.000 Punkte – in dieser starken Dynamik und Ausprägung fundamental unberechtigt. Wer damals, als die Panik am größten war, antizyklisch gehandelt hat und eingestiegen ist, der hat schnell satte Gewinne eingefahren. Wer panisch verkauft, wird sich ärgern. Doch solche Überreaktionen sind keine Seltenheit, im Gegenteil.

Wenn beispielsweise Horrorszenarien wie die Dreifach-Katastrophe in Japan – also Erdbeben, Tsunami und Atomkatastrophe – wahr werden und die Börsen plötzlich heftig abstürzen, dann vergessen gerade Privatanleger ihre Strategie. Falls sie überhaupt eine haben. In Paniksituationen wird das langfristige Anlageziel völlig außer Acht gelassen und der Fondssparplan für die Altersvorsorge aufgelöst. Panisch agierende Anleger neigen zu Scheuklappen. Sie sind extrem fokussiert. „Fight or flight", Flüchten oder Kämpfen heißt es dann. Wissen und Erfahrungen werden komplett ausgeblendet. Menschen in extremen Stresssituationen reagieren auch extrem, und zwar extrem emotional.

Anleger wie Warren Buffett, die einer klaren Strategie folgen, haben ihre Emotionen besser im Griff – und wittern in solchen hektischen Marktphasen große Chancen. Wären Sie darauf gekommen, mitten in der Bankenkrise Aktien von in Schieflage geratenen Banken zu kaufen? Buffett stieg inmitten der Wirren der Finanzkrise gleich bei mehreren US-Banken ein. Als die meisten Anleger die Aktien der großen Institute aus ihren Depots schmissen und die Kurse immer weiter fielen, sammelte Buffett die abgestürzten Bankwerte ein. Bei der Bank of America stieg der Investor 2011 ein, nachdem der Aktienkurs im Laufe von acht Monaten um mehr als 45 Prozent abgesackt war. Die Vorzugsaktien, die Berkshire an Bank of America hält, zahlen eine jährliche Dividende von sechs Prozent.

Über seine Investmentholding ist Buffett in mindestens vier der sieben, gemessen an der Bilanzsumme, größten US-Banken investiert. Dazu zählen milliardenschwere Beteiligungen an Wells Fargo und an Bank of America sowie Kaufoptionen für Aktien von Goldman Sachs im Wert von fünf Milliarden Dollar. Berkshire ist auch an US Bancorp beteiligt. Diese Beteiligungen sind heute sehr viel mehr wert als zu den Hochzeiten der Finanzkrise, als Buffett eingestiegen ist. Er war gierig, als alle ängstlich waren.

Angst oder gar Panik lassen sich an den Märkten natürlich relativ leicht erkennen. Wenn Märkte binnen weniger Tage 10, 20 oder gar mehr Prozent fallen, dann herrscht Panik. Ob Gier und Euphorie ausgebrochen sind, können wir nicht allein an Kursentwicklungen ablesen. Ein Plus von 10, 20 oder gar 30 Prozent ist kein Indikator für Gier – eher schon die Zusammensetzung der Käuferschichten. Wenn in den Friseurstuben und Taxen einer Stadt lebhaft über steigende Kurse berichtet und mit Börsenerfolgen geprahlt wird, ist dies gemeinsam mit dem Auftreten vieler Neuemissionen in der Regel ein untrügliches Zeichen für das Ende einer Hausse. Milchmädchen-Hausse nennen Börsianer dieses Phänomen auch.

## Hoher Optimismus ist ein Warnsignal

Auch Umfragen, wie sie beispielsweise das Analysehaus Sentix Woche für Woche durchführt, geben Aufschluss über die Stimmung an den Märkten. Hoher Optimismus kann ein Warnzeichen für eine bevorstehende Konsolidierung sein. Ist der Pessimismus extrem hoch, dürfte die Erholung nicht mehr lange auf sich warten lassen. Schließlich wusste schon Sir John Templeton, Gründer der gleichnamigen Fondsgesellschaft: „Haussemärkte entstehen in Pessimismus, wachsen in Zweifel und Misstrauen, reifen in Optimismus und sterben schließlich in Euphorie.“

Ist die Stimmung also mies, heißt es antizyklisch zu agieren und zuzukaufen. Zugegeben, dazu braucht es Nerven wie Drahtseile, schließlich tun wir genau das, wovor alle warnen. Wir handeln gegen den Herdentrieb. Wenn alle die Finger von Aktien lassen und extrem pessimistisch sind, greifen wir als Antizykliker beherzt zu. Buffett fährt mit dieser Strategie sehr gut. Wenn die Börsenherde übernervös ist, kauft er. Der Milliardär hat allerdings auch das nötige Kapital, um unruhige Marktphasen zu überstehen.

Natürlich kauft Buffett nicht wild und wahllos alles, was niedergetrampelt wurde. Das hätte mit werthaltigem Investieren nicht viel zu tun. Wie sucht das Orakel von Omaha also Aktien aus? Mit magischen Kräften hat sein Erfolg nichts zu tun, sondern mit seiner speziellen Art, Aktien auszusuchen.

Um unterbewertete Aktien zu finden, schaut ein Value-Investor nicht in erster Linie auf Gewinn- oder Umsatzzahlen, sondern auf den Buchwert eines Unternehmens. Der Buchwert entspricht grob dem Eigenkapital eines Unternehmens. Dieser Wert lässt sich – anders als die diversen Gewinn-Kennziffern – in der Bilanz nur schwer frisieren. Der Buchwert wird dann in Relation zum Börsenwert des Unternehmens gesetzt. Die entscheidende Kennzahl dazu ist das Kurs-Buchwert-Verhältnis. Liegt der Börsenwert unter dem Buchwert, ist das Unternehmen unterbewertet und der Value-Investor greift zu. Je niedriger das Kurs-Buchwert-Verhältnis desto besser.

Diese Methode hat der 1976 verstorbene Benjamin Graham entwickelt. Er gilt als der Vater des Value-Investments und lehrte von 1928 bis 1957 an der Columbia University. 1934 veröffentlichte er das Buch „Wertpapieranalyse“ – für viele Investoren noch heute so etwas wie eine Bibel. Weltbekannt ist aber vor allem der etwas populärwissenschaftlichere Nachfolger „Intelligent investieren“ (1949). Warren Buffett bezeichnet das Werk als „das mit Abstand beste Buch, das jemals für Anleger geschrieben wurde“.

Buffett hat die Methoden seines berühmten Lehrmeisters verfeinert. Während Graham nach unterbewerteten Aktien Ausschau hielt, ist für Buffett der dauerhafte Wettbewerbsvorteil einer Aktiengesellschaft das ausschlaggebende Kriterium. Graham hat nicht zwischen Unternehmen mit oder ohne langfristigen Wettbewerbsvorteil gegenüber ihren Konkurrenten unterschieden. Ihn interessierte lediglich, ob das Unternehmen genügend Ertragskraft besaß, um aus den wirtschaftlichen Problemen herauszukommen, die seinen Aktienkurs hatten fallen lassen. Wenn die Aktie nach zwei Jahren nicht gestiegen war, verkaufte er sie. Ein Unternehmen 10 oder gar 20 Jahre lang zu halten interessierte ihn nicht.

Buffett hingegen glaubt, dass Unternehmen mit einem langfristigen Wettbewerbsvorteil das bessere Investment sind und ihn umso reicher machen, je länger er sie hält. Graham hätte allerdings eingewendet, diese Unternehmen seien alle überbewertet. Doch Buffett hat erkannt, dass er gar nicht unbedingt zu warten braucht, bis ihm der Aktienmarkt einen Schnäppchenpreis serviert. Bereits wenn er einen fairen Preis bezahlt, kann er dank solcher Unternehmen steinreich werden.

Wichtig ist Warren Buffett vor allem, dass das Unternehmen langfristig erfolgreich ist. Deshalb schaut er sich grundsätzlich die Bilanzen mehrerer Jahre, am besten einer Dekade, an. Eine Kennzahl, auf die er dabei schaut, ist die Bruttogewinnspanne. Je höher das Verhältnis aus Gesamtergebnis und Umsatz ist, desto besser. Firmen mit dauerhaftem Wettbewerbsvorteil haben tendenziell eine hohe Bruttogewinnspanne. Coca-Cola beispielsweise, eine von Buffetts Lieblingsaktien, kommt auf eine beständige Bruttogewinnspanne von 60 Prozent oder mehr.

Es sind aber nicht immer die großen US-Konzerne aus dem Dow Jones, in die Buffett investiert. Er kauft oft unterbewertete Firmen, die an der Börse eher ein Schattendasein führen und von Analysten verschmäht werden. Ein Beispiel sind die Aktien der großen US-Eisenbahnlinien Union Pacific, Norfolk Southern und Burlington Northern Santa Fe. Lange Zeit interessierte sich niemand für sie, sie standen auf dem sprichwörtlichen Abstellgleis. Anleger reizten eher die großen Modethemen wie etwa Technologie oder Biotech. Dabei mussten sich die guten alten Eisenbahngesellschaften mit ihren Gewinnen nicht verstecken. Ihr Geschäftsmodell ging und geht auf. Im Vergleich zu Lastwagen und Frachtflugzeug ist der Gütertransport auf Schienen nämlich spottbillig, was sich natürlich vor allem auf den langen Strecken durch Nordamerika rechnet. Warren Buffett hat diese Vorzüge früh erkannt. Er steckte Milliarden in Eisenbahn-Aktien – und fuhr damit satte Gewinne ein.

Von Technologie-Aktien ließ Buffett übrigens die Finger. Das hat vor allem einen Grund: Von Technik versteht er schlicht und einfach nichts! Und was er nicht versteht, kauft Buffett bekanntlich nicht. Von anderen Produkten und Dienstleistungen versteht er dafür umso mehr.

Die Strategie des Starinvestors zeigt, dass antizyklisches Investieren gut funktioniert. Man braucht dafür allerdings einen langen Atem, denn es kann Jahre dauern, bis die Herde eine unterbewertete Aktie entdeckt und antreibt. Wer es Buffett nachmacht, kauft günstig und verkauft teuer. Oder um es mit Buffett zu sagen: „Die schlechteste Zeit, Aktien zu kaufen, ist, wenn alle anderen sich dafür interessieren. Die beste Zeit, Aktien zu kaufen ist, wenn niemand sich dafür interessiert.“ Klingt einfach, ist es in der Praxis aber leider nicht immer, wie die nächste Börsenweisheit zeigt.

# 9

# Beim Denken ans Vermögen leidet oft das Denkvermögen.

Gier ist gut. Gier ist richtig. Gier funktioniert", sagte Gordon Gekko Ende der 1980er-Jahre. Der gerissene Börsenhai aus dem Filmklassiker *Wall Street* setzte sogar noch einen drauf: „Gier schafft Klarheit. Gier hat das Beste im Menschen hervorgebracht." Die Gier ist eine der stärksten Emotionen, die Anleger antreiben kann. Wer aber zu gierig wird, geht immer größere Risiken ein und macht irgendwann zwangsläufig Fehler. Auch der legendäre Gekko ist letztendlich über seine Gier gestolpert.

Ob eiskalter Finanzhai oder normaler Privatanleger – der Verstand setzt regelmäßig aus, wenn es um Geld geht. Wir gehen waghalsige Wetten ein und kaufen als Zockeraktien verschriene Papiere. Oder wir setzen auf komplizierte Zertifikate, deren Funktionsweise wir nicht wirklich verstehen, die uns aber große Gewinne versprechen. Wir handeln bei der Geldanlage leider oft hochemotional, lassen uns von Gier leiten, rennen todsicheren Tipps hinterher und sind uns – mit Dollar- oder Eurozeichen in den Augen – absolut sicher, dass unsere heißen Wetten aufgehen. Gier verschleiert unseren Blick für die harten Fakten.

Es liegt in unserer Natur, immer mehr zu wollen. Wenn wir uns ein tolles neues Auto gönnen, erfreuen wir uns für ein paar Wochen an ihm. Doch nach einiger Zeit wird es zur Selbstverständlichkeit. Ein Wechsel zu einem kleinen Auto ist nur noch unter Schmerzen möglich, und das nächste Modell soll doch bitte noch ein paar Extras und natürlich auch einige Pferdestärken mehr haben. An der Börse ist es ähnlich, hat die eine Anlage fünf Prozent Rendite gebracht, sollen es doch bei der nächsten bitteschön mindestens sechs oder besser noch sieben sein. Auf gar keinen Fall soll es aber weniger sein.

Börsenpsychologen wie Andreas Fritsch warnen vor diesen emotionalen Fallen: „Gier ist an der Börse kein guter Ratgeber. Wer gierig ist, der handelt nicht mehr rational. Und das ist nie gut." Auch Angst und Panik sind an der Börse echte Psychofallen. Das weiß natürlich auch Warren Buffett. Sein Spruch „Seid gierig, wenn andere ängstlich sind, und seid ängstlich, wenn andere gierig sind" ist deshalb auch keine Aufforderung, mit heraushängender Zunge alles zu kaufen, was nicht niet- und nagelfest ist, wenn andere hysterisch alles aus den Depots schmeißen – und umgekehrt. Im Gegenteil: Diese Börsenweisheit ruft zwar zum antizyklischen, aber sehr wohl überlegten Handeln auf.

Denn Buffett weiß: Die Psyche der Börsianer bestimmt das Geschehen an der Börse weit mehr als Wirtschaftsdaten oder Unternehmenszahlen. Ob wir Gewinn oder Verlust machen, hängt nicht allein von unserem Börsenwissen ab. Entscheidend ist auch, ob wir unsere Emotionen im Griff haben. Bestimmen die nämlich unser Handeln an der Börse, wird es gefährlich. Doch es ist ziemlich schwierig, sie auszuschalten, zu unterdrücken oder zumindest zu kontrollieren. Der österreichische Kabarettist Paul Farkas hat es einmal auf den Punkt gebracht: „Beim Denken ans Vermögen leidet oft das Denkvermögen."

Der Spruch des Kabarettisten ist mittlerweile durch die verhaltenswissenschaftliche und experimentelle Finanzforschung umfassend belegt. Lange gingen Ökonomen davon aus, dass der Mensch rein rational entscheidet. Doch Psychologen und Hirnforscher haben in zahllosen Experimenten nachgewiesen, dass diese Annahme weit entfernt ist von der Realität. Die Entscheidungen von Privatanlegern und sogar Profis werden durch Mechanismen gesteuert, die in die Zeit der Reptilien zurückreichen: Aggression, Flucht, Angriff, Verteidigung, Fressen und gefressen werden. Daniel Kahneman von der Princeton University hat den Nobelpreis dafür bekommen, dass er herausgefunden hat, dass bei Finanzentscheidungen oftmals das Stammhirn – das Reptilienhirn – aktiviert wird.

## Mit den Kursen fahren die Gefühle Achterbahn

Emotionen bestimmen unser Handeln an der Börse und können zu unüberlegtem Handeln führen – sogar zu Fehlentscheidungen. Ein Verhaltensmuster, das vor allem in den Hochzeiten der Finanzkrise zu beobachten war. In den Monaten nach der Börsentalfahrt im Sommer 2011 schwankten die Märkte extrem stark. Mit den Kursen fuhren auch die Gefühle Achterbahn. Viele Anleger gerieten in Panik und verkauften Aktien zu Tiefstkursen. Ein Verhalten, das Experten oft beobachten: Schmilzt der Wert des Portfolios, befürchtet der Privatanleger, die entstandenen Verluste nicht mehr aufholen zu können, und sucht nach anderen, vermeintlich sichereren Produkten.

Verlustaversion nennen Experten das. Die Angst vor Rückschlägen wiegt schwerer als die Hoffnung auf künftiges Wachstum. Mit jedem Verlust werden die Gefühlsregungen heftiger, unsere kühl kalkulierende Seite hat immer weniger Chancen. Aus einem rational denkenden Anleger wird ein Gefühlsmensch. Und die Verlustaversion verleitet uns dazu, unsere langfristige Anlagestrategie und damit unseren soliden Anlageerfolg zu opfern. Auf diese Weise verpassen wir allerdings Gewinne, wenn der Markt wieder anzieht.

Leider vergessen wir immer wieder, dass die Börse keine Einbahnstraße ist, sondern Kursverluste dazugehören. „An der Börse sind zwei mal zwei niemals vier, sondern fünf minus eins", wusste Börsenguru André Kostolany. „Man muss nur die Nerven haben, das minus eins auszuhalten." Denn auch ihm war klar: „Börse und Emotionen passen nicht zusammen." Natürlich wusste der Börsenaltmeister ebenfalls, dass die Börse leider zu einem sehr großen Teil aus Emotionen besteht.

Emotionale Entscheidungen müssen aber nicht zwangsläufig zu Kursverlusten führen. Manchmal haben wir Glück, wenn wir unseren Emotionen folgen. Aber das ist dann eben einfach Glück und darauf sollten wir unsere Anlagepolitik nicht aufbauen. Langfristig schlägt eine gut durchdachte Strategie, die dann möglichst emotionslos umgesetzt wird, nämlich das Bauchgefühl. An der Börse fahren Sie immer noch am besten, wenn Sie sich rational verhalten. Denn dann schalten Sie Ihre Emotionen ab und handeln sehr viel überlegter. Die persönliche Risikoeinstellung und die solide ökonomische Theorie sollten die Grundlagen für Ihr Handeln oder Ihr Nichthandeln sein.

Aber gerade das rationale Handeln fällt uns oft schwer. Anleger schwanken zwischen Gier und Furcht, und je mehr sich der Gemütszustand eines Anlegers einem dieser beiden Extreme nähert, umso größer ist die Gefahr der Fehlentscheidung.

Halten wir also fest: Gier, Euphorie, Angst und Panik haben an der Börse nichts zu suchen. Doch das ist leider nur die Theorie. In der Praxis besteht die Börse zu 80 oder gar 90 Prozent aus Emotionen. Viele Anleger analysieren die Unternehmen, in die sie investieren, zwar sehr genau, aber verkaufen dann doch panikartig ihre Aktien, sobald es auch nur eine schlechte Nachricht gibt. Jede negative Meldung löst unglaublichen Stress aus, der schnell in Panik umschlagen kann. Die Gründe, warum wir die Aktie ursprünglich gekauft haben, vergessen wir. Dann wird nur noch emotional gehandelt. Langfristige Strategien zählen nicht mehr. Aber alle technischen und fundamentalen Analysen bringen letztlich keinen Erfolg, wenn Anleger ihre Nerven nicht unter Kontrolle haben. Das muss man wissen. Anleger, die in den vergangenen Jahren aktiv am Börsengeschehen beteiligt waren, können ein Lied davon singen.

Das erste Augustwochenende im Jahr 2011 und die Tage danach zeigen sehr beeindruckend, was passiert, wenn der gesunde Menschenverstand der Börsianer aussetzt. Am Freitagabend, den 5. August 2011, kurz nach Börsenschluss an der New Yorker Wall Street, hatte die Ratingagentur Standard & Poor's (S&P) verkündet, dass sie die

Kreditwürdigkeit der USA von der Bestnote „AAA" auf die Note „AA+" herabstufen werde. Vielen Anlegern, vor allem den Profis rund um den Globus, muss es am Wochenende ganz schön mulmig geworden sein, denn sie drückten am Montagmorgen unisono auf die Verkaufsknöpfe. Die Börsen in Asien rutschten am frühen Morgen rund fünf Prozent ins Minus. Der DAX startete ebenfalls mit Verlusten. Nachmittags fiel er unter 6.000 Punkte, ein Wert, den Börsenkommentatoren gern als „psychologisch wichtige Marke" bezeichnen. Solche Marken verstärken das Verhalten der Anleger. Wird eine Tausendermarke geknackt, geht es oft munter weiter hoch. Wird sie allerdings nach unten durchbrochen wie an jenem Montag, ist das oft kein gutes Zeichen. Auch der Dow Jones in den USA rutschte einige Stunden später unter 11.000 Punkte.

Die Talfahrt setzte sich bis Mitte der Woche fort. Anleger schienen sich von allem zu trennen, was nicht niet- und nagelfest war. Der DAX verlor rund 20 Prozent. Ist das nicht ein absoluter Wahnsinn? Sollten die Konzerne wirklich in nur drei Tagen ein Fünftel ihres Wertes eingebüßt haben? Was für eine irrsinnige Kapitalvernichtung. Ich erinnere mich noch gut an diese Tage. Zwar habe ich nicht gehandelt, bin also nicht in Panik verfallen. Aber besonders gut geschlafen habe ich auch nicht, ganz im Gegenteil. Es ist ein mieses Gefühl, wenn sich die Altersvorsorge drittelt. Mit einem ach so langen Anlagehorizont, mit dem Aussitzen solcher Phasen, konnte ich mich kaum noch beruhigen. Glauben Sie mir, auch überzeugte Langfristanleger kämpfen mitunter mit ihren Emotionen. Später war ich natürlich einmal mehr froh, nicht panisch agiert zu haben.

Selbst Analysten rieben sich in diesen Tagen verwundert die Augen. Sie sprachen von einer Überreaktion. Investoren seien verunsichert, weil sie nicht wüssten, in welche Richtung sich die Lage in der Zukunft entwickele. Verunsicherung ist ein Gefühl, das Börsianer gar nicht leiden können. Wenn sie nicht mehr weiter wissen, ziehen sie gerne die Reißleine.

Trotzdem erscheint das Treiben an den Weltbörsen in den Tagen nach dem ersten Augustwochenende doch reichlich übertrieben. Die politischen Unsicherheiten kamen schließlich nicht völlig unerwartet, immerhin hatte die Ratingagentur schon Wochen zuvor mit einer Abwertung gedroht. Die Haushaltslage in den USA und ihre Schuldenberge waren ebenfalls bekannt. Die Vorgänge in diesem Tagen im Sommer 2011 sind mit volkswirtschaftlichen Theorien nicht zu erklären. Es waren Emotionen, die die Börsen bestimmten. Angst und schließlich Panik ließen die Börsenkurse abstürzten. Eine völlige Übertreibung.

Investoren wie Warren Buffett sammeln in solchen Phasen abgestürzte Perlen ein. Privatanlegern fällt das allerdings schwer. Versuche haben gezeigt, dass Menschen in einem angenehmen Umfeld eher positive Entscheidungen treffen, also Aktien kaufen, während sie in einem für sie negativen Umfeld auch häufiger eine negative Grundhaltung haben, also nicht kaufen oder sogar verkaufen. In turbulenten Börsenzeiten mit hohen Verlusten gefallene Stars einzusammeln, dazu fehlen den meisten Privatanlegern die Nerven.

## Bauchgefühl und nüchterne Analyse gehören zusammen

Können Anleger aber wirklich nur dann erfolgreich sein, wenn sie ihre Emotionen ausschalten? Müssen wir wie Computer denken und handeln, um eine gute Rendite einzufahren? Natürlich nicht! Unsere Intuition ist eine der wichtigsten Fähigkeiten, die wir besitzen. Ein gutes Gespür, gepaart mit dem richtigen Wissen, das ist der Mix, der Erfolg verspricht. Wichtig ist, dass wir die Emotionen nicht die Oberhand gewinnen lassen. Bauchgefühl und nüchterne Analyse gehören zusammen – denn Aktienkurse sind Ausdruck von Vertrauen, das das dahinterstehende Unternehmen bei den Anlegern genießt. Und Vertrauen ist eben auch eine Emotion.

Außerdem ist es sowieso utopisch, Emotionen komplett auszuschalten. Das können Anleger gar nicht – private wie institutionelle. „Ihr schlimmster Feind sind Sie selbst", soll die Investmentlegende Benjamin Graham einmal in Anspielung auf die menschliche Psyche gesagt haben. Die menschliche Psyche sei für die Börse nicht geschaffen.

So weit würde ich allerdings nicht gehen. Wir sollten uns nur unbedingt bewusst sein, dass Emotionen unsere Entscheidungen beeinflussen. Das hilft schon sehr viel weiter. Nur wenn wir erkennen, wann uns Gier oder Angst antreiben, können wir noch einmal tief durchatmen und dann hoffentlich halbwegs rational handeln.

Sehr viel mehr können wir auch gar nicht erreichen. In finanziellen Fragen – und nicht nur dort – komplett rational zu handeln widerspricht nämlich der Funktionsweise unseres Gehirns. Nehmen wir die Gier: Ein häufig wiederholtes Experiment hat bewiesen, dass die sogenannten Dopamin-Rezeptoren in den Belohnungszentren des Gehirns es nicht mögen, auf ihre Belohnungen zu warten. Forscher haben Versuchspersonen angeboten, sie könnten entweder sofort 30 Euro bekommen oder 50 Euro in vier Wochen. Die Mehrheit entscheidet sich für die 30 Euro – und verzichtet damit auf zusätzliche 20 Euro. Die Neurowissenschaftler Samuel McClure und Jonathan Cohen von der Princeton-Universität haben mithilfe der Magnetresonanztomografie (MRT) nachgewiesen, dass durch die unmittelbare Belohnung die emotionalen Zentren des limbischen Systems stärker angeregt werden als durch solche, die in ferner Zukunft liegen. Forscher machen die Neigung, eine Belohnung ohne Verzögerung zu wollen, was übrigens die Dopamin-Neuronen auf Hochtouren bringt, für Spielsucht, Sexsucht, Extremsport und andere Süchte verantwortlich. Auch Börsianer erliegen dieser Neigung – und werden zu gierig.

Ihr Verhalten, wenn Sie Angst oder gar Panik bekommen, lässt sich ebenfalls mit der Funktionsweise unseres Gehirns erklären. Haben Sie schon mal feuchte Handflächen bekommen und Ihr Atem wurde flacher, wenn an der Börse die Kurse abstürzten und Ihr Depot Schicht um Schicht abgetragen wurde, als sei es Opfer einer Ausgrabung? Diese Reaktionen werden ausgelöst von einer kleinen, mandelförmigen Struktur im unteren Teil des Temporallappens, im Zentrum des limbischen Systems, der Amygdala. Hier verarbeitet unser Gehirn alles, was uns aufwühlt. Die Amygdala spricht vor allem auf ein Gefühl an: Angst.

Angst und Furcht gehören zu den grundlegendsten Emotionen des Menschen. In unserer Entwicklungsgeschichte sicherten Angstreaktionen das Überleben unserer Vorfahren. Noch heute verfügen wir über die Fähigkeit, Gefahren sehr schnell zu erkennen und darauf zu reagieren. Üblicherweise kennt die Amygdala nur drei Reaktionen auf eine Gefahr: flüchten, kämpfen oder erstarren. Andrew Lo, Professor für Finanzwissenschaft am renommierten Massachusetts Institute of Technologie (MIT) in Cambridge, versucht, das Verhalten von Börsenhändlern neurobiologisch zu erklären, und kommt zu dem Ergebnis: Unwillkürliche emotionale Reaktionen wie Angst und Gier, die von der Amygdala gesteuert werden, verdrängen logisches und rationales Handeln. Das führt zu schlechten Entscheidungen. Die Händler kaufen bei steigenden Aktienkursen zu teuer ein und verkaufen bei fallenden Kursen in Panik zu schnell und zu billig. Privatanleger machen diese Fehler noch viel schneller und häufiger.

Los Fazit: „Die Flucht-oder-Kampf-Reaktion unseres Gehirns rettet uns in bestimmten Situationen das Leben. Am Finanzmarkt ist sie nicht dazu angetan, unser Vermögen zu retten." Oder um es mit Franklin D. Roosevelt zu sagen: „Das Einzige, wovor wir Angst haben müssen, ist die Angst." Dieses berühmte Zitat stammt aus den Zeiten der Großen Depression und gilt auch heute noch. Angst ist wahrscheinlich eine noch stärkere Emotion als die Gier und auf jeden Fall größer als jede positive Emotion. Oder sind Sie jemals mitten in der Nacht aufgewacht, weil Sie überglücklich waren?

Es gilt also, die persönliche Psyche zu überlisten und sich so auf rationaler Ebene einen Vorsprung zu verschaffen. Getreu der Erkenntnis, dass Emotionen an der Börse nichts zu suchen haben, müssen wir der Versuchung widerstehen, unsere langfristigen Anlageziele allein aufgrund kurzfristiger (Gefühls-) Schwankungen aufzugeben.

## Psychofallen sind Renditekiller

Und das geht am besten, wenn wir einen Plan haben. Das klingt ein bisschen banal – ist es wahrscheinlich auch. Aber es funktioniert! Bei der Geldanlage sind Regeln Pflicht, denn ohne Strategie leben wir an der Börse gefährlich und tappen ein ums andere Mal in Psychofallen. Und Psychofallen sind Renditekiller.

Eine Strategie ist ein Regelwerk, das klare Kriterien für die Geldanlage definiert. Diese Regeln regeln aber nicht nur, was wir kaufen, sondern auch wie wir in bestimmten Situationen reagieren. Sie sollen so unsere Emotionen ausschalten. Während Profis mit ausgeklügelten Analysemodellen arbeiten, mögen Privatanleger es einfacher. Eine beliebte Strategie ist es, auf dividendenstarke Aktien zu setzen. Die jährlichen Ausschüttungen sind nicht nur ein netter Zusatzverdienst, sondern sichern auch gegen mögliche Kursverluste ab. Viele Privatanleger folgen auch Warren Buffetts Käufen und Verkäufen und werden so zu Value-Anlegern, die darauf bedacht sind, Qualitätstitel günstig einzukaufen. Und das sind nur zwei von etlichen bekannten Modellen.

Es ist egal, für welche Strategie Sie sich entscheiden, wichtig ist vor allem, dass Sie nach einem genauen Plan handeln. Machen Sie sich in stressfreien Zeiten intensiv über Ihre Strategie Gedanken und definieren Sie Ihre Ziele klar. Dazu gehört auch, für verschiedene Anlagehorizonte die entsprechenden Instrumente, also beispielsweise Aktien, Anleihen, Fonds oder Zertifikate, festzulegen. Stellen Sie sich Fragen wie: Wann kaufen Sie, einmal oder regelmäßig? Wie hoch ist der Verlust, den Sie zu akzeptieren bereit sind? Wie hoch darf der Anteil einzelner Titel sein? Eine Handlungsanweisung für die eigene Anlage quasi. Schreiben Sie Ihre Ziele unbedingt auf – am besten in einer Art Anlagetagebuch. Darin können Sie immer wieder nachlesen, sich über Ihre eigene Strategie Gedanken machen und so hoffentlich Emotionen bei der Anlageentscheidung weitgehend ausschalten. Wichtig ist es, die Ziele samt Zeithorizont zu notieren, denn sonst sind es keine Ziele, sondern nur Wünsche. Und dann kochen die Emotionen schnell hoch.

Aber natürlich dürfen Ziele und Strategien nie wie in Stein gemeißelt sein. Anleger müssen ihre Anlageentscheidungen regelmäßig überprüfen, sie kritisch hinterfragen und sie gegebenenfalls anpassen. Aber bitte tun Sie das möglichst emotionsfrei und ganz in Ruhe, und bloß nicht dann, wenn es an der Börse gerade hoch hergeht.

## Handlungsanweisungen für schlechte Zeiten

Überlegen Sie sich auch, was Sie tun, wenn es mal nicht so läuft, wie Sie gedacht haben. Wie viel Verlustrisiko sind Sie bereit einzugehen? Experten haben dafür eine Faustregel: Der erhoffte Gewinn sollte dreimal höher sein als der Verlust, den wir zu tragen bereit sind. Wer einer Aktie also ein Plus von 60 Euro zutraut, sollte bei 20 Euro Minus eine Grenze – eventuell in Form einer Stop-Loss-Order – einziehen. Andernfalls könnte wieder die Psychologie zuschlagen: Wer bereits investiert ist, hat keine neutrale Sicht mehr. Wir neigen dazu, Informationen so zu filtern, dass sie das eigene Investment rechtfertigen.

Doch auch in heißen Börsenphasen gilt natürlich: Passt die Anlage weiter zu unserer Situation und unserem Sparziel, dann sollten wir an unserer Strategie festhalten. Langfristig orientierte Anleger können magere Zeiten gelassen betrachten und in Boomzeiten besonders profitieren.

Mit einem genauen Plan und einem solchen Anlagetagebuch gelangen wir hoffentlich zu mehr Gelassenheit bei der Geldanlage. Studien haben bewiesen, dass es besser ist, das Depot einmal vernünftig zu strukturieren und dann auch in Schwächephasen durchzuhalten. Erinnern Sie sich an die Untersuchung der Fondsgesellschaft Fidelity, die gezeigt hat, dass bei einem temporären Ausstieg nicht nur die Kosten nach oben schnellen, sondern auch das Risiko, einen guten Börsentag zu verpassen. Zur Erinnerung: Wer in den vergangenen 15 Jahren durchgängig in deutsche Aktien investiert war, hat seinen Einsatz verdoppelt. Wer die besten 20 Handelstage verpasst hat, hat seinen Einsatz fast halbiert. Am besten würden natürlich diejenigen dastehen, die an den besten Tagen investiert waren und die schlechtesten Handelstage verpassten. Aber ein solches Timing schaffen noch nicht einmal die besten Anleger. Wer es dennoch versucht, erleidet meistens Schiffbruch, aber dazu kommen wir in einem späteren Kapitel noch.

Es gilt also, eine Strategie festzulegen, Handlungsmuster zu definieren, diesen Plan aufzuschreiben und ihm dann möglichst emotionslos zu folgen. Denn was nützen Ihnen der höchste Intellekt, das umfassendste Finanzmarktwissen und die ausgefeilteste Technik, wenn Sie Ihre eigene Investitionsstrategie nicht umsetzen? Nicht nur

Kenner der „Behavioral Finance", auch Finanzinstitute und intelligente Investoren haben erkannt, dass es renditeentscheidend ist, nicht nur eine gute Anlagemethode zu entwickeln, sondern diese auch stets und unter allen Umständen umzusetzen.

Doch gerade hier machen Emotionen und menschliche Über-den-Daumen-Regeln vielen privaten und institutionellen Anlegern bei der Entscheidungsfindung einen Strich durch die Rechnung. Denn Gier frisst Hirn. Nicht umsonst sind schon viele Anleger auf Betrüger oder falsche Versprechungen hereingefallen.

Dass wir die Dominanz von Bauch und Gefühl jemals vollständig in den Griff bekommen, ist so gut wie ausgeschlossen. An der Börse verhalten wir uns eben leider häufig wie der steinzeitliche Jäger: Wir laufen im Rudel, streben ständig nach Belohnung und scheuen das Risiko. Bei Gewinnen ordnet das Gehirn rauschartige Zustände an, bei Verlusten signalisiert es Todesgefahr. André Kostolany drückte es einmal so aus: „Geld ist wie ein Kaninchen. Es gerät in Angst und Panik, wenn es die kleinste Gefahr wittert. Dabei aber handelt es unüberlegt." Völlig emotionslos handelt nur einer: der Computer.

Am Ende des Films *Wall Street* stolpert Gordon Gekko – gespielt von Michael Douglas – übrigens über seine Emotionen. Er war zu gierig und muss sich wegen Insiderhandels verantworten. Für ihn gilt auf jeden Fall: Beim Denken ans Vermögen leidet oft das Denkvermögen.

Halten wir also fest: Wer sich von seinen Emotionen leiten lässt, wird an der Börse schnell zum Narren. Und davon gibt es auf dem Parkett nur allzu viele, wie schon Kostolany einst bemerkte.

# 10

Eine Börse wäre keine Börse, wenn nicht viele Narren ihr Unheil dort treiben würden.

Würden Sie in ein Unternehmen investieren, das zwar kein oder kaum Geld verdient, aber unglaubliche Summen für die Übertragungsrechte von Sportevents ausgibt und an der Börse höher bewertet ist als mancher DAX-Konzern? Wenn Sie um die Jahrtausendwende Aktionär von EM.TV waren, haben Sie genau das getan. Mit Fernsehlizenzen von Biene Maja bis zur Formel 1 trieben die Gründer des Medienreichs, die Brüder Florian und Thomas Haffa, den Börsenwert ihres Unternehmens im Februar 2000 auf 2,2 Milliarden Euro. Damit war EM.TV mehr wert als der gesamte Volkswagen-Konzern. Klingt verrückt, oder? War es auch. Denn während bei VW Tag für Tag die Autos vom Band liefen und verkauft wurden, machte der Medienkonzern hohe Verluste. Zehn Monate später sah die Welt ganz anders aus: Der EM.TV-Kurs war um 90 Prozent abgeschmiert, das Unternehmen lag am Boden und viele Anleger rieben sich verwundert die Augen. Hätten sie ahnen können, dass das Börsenmärchen jäh endet? War die Wachstumsfantasie, die den Kurs trieb, nicht völlig überzogen? Der totale Wahnsinn?

Viele Anleger lassen sich von der Euphorie an der Börse anstecken, der gesunde Menschenverstand setzt aus. Sie lassen sich von purer Gier leiten. Für sie ist die Börse ein Spielkasino – sie zocken mit den Aktien oder Anleihen von Pleitekandidaten, maximieren ihr Risiko mit Hebelpapieren, die Gewinne aber eben auch Verluste vervielfachen, oft sogar verhundertfachen. Andere setzen chronisch auf die falschen Aktien, rennen jedem Trend – meist zu spät – hinterher und schmeißen ihre Strategie über Bord, sobald es an den Börsen etwas turbulenter zugeht. Volles Risiko, pure Gier oder übertriebene Panik – an der Börse kann man viele Fehler machen und sehr schnell sehr viel Geld verlieren. Das war schon zu André Kostolanys Zeiten so. Der legendäre Investor brachte es auf den Punkt: „Eine Börse wäre keine Börse, wenn nicht viele Narren ihr Unheil dort treiben würden."

Die Narren tummeln sich auch heute noch auf dem Parkett. Kein Wunder, schließlich ist die Börse eine emotionale Sache. Im Wesentlichen geht es um Geld und Wetten. Diese beiden Dinge haben eine magische Anziehungskraft auf viele Menschen und wirken zugleich wie Katalysatoren. Sie lassen die Wesenszüge der Akteure überdeutlich hervortreten. Bei einigen Anlegern sind das vor allem extreme Gier und völlige Selbstüberschätzung. Und genau diese beiden Eigenschaften zeichnen den Narren an der Börse aus. Auch die übertrieben ängstlichen Investoren sind nicht gerade clever.

Wer sich von seinen Emotionen leiten lässt, wird über kurz oder lang Geld verlieren. Trotzdem setzt bei Anlegern regelmäßig der Verstand aus, wenn sie eine große Chance wittern oder – das andere Extrem – Panik bekommen. Es sind übrigens keinesfalls nur die unerfahreneren Privatanleger oder Börsenneulinge, die sich zum Narren machen. Gier und Selbstüberschätzung sind absolut nicht auf Privatanleger beschränkt. Immer wieder überschätzen auch institutionelle Investoren ihre Fähigkeiten.

Es gibt in der Börsengeschichte viele Beispiele dafür, dass der gesunde Menschenverstand der Anleger mitunter sogar kollektiv aussetzt. In jüngerer Vergangenheit war das vor allem eine Phase, genauer: eine gigantische Blase. Sie ahnen sicher, welche ich meine? Den Neuen Markt.

War das nicht völlig verrückt? Aber natürlich auch wunderbar? Börse war so einfach. Wir konnten eigentlich fast blind irgendetwas kaufen und binnen Monaten, oft nur Wochen oder sogar Tagen, dicke Gewinne einfahren. Die Börse ein Kasino? Risiko? Nein, hier war der Gewinn scheinbar sicher. Die Börse war eben doch eine Einbahnstraße. Auch ich habe damals mitgemischt, meine ersten Gewinne an der Börse eingefahren. Die Biotech-Aktien BB Biotech und Qiagen, der Technologiekonzern Medion, aber auch die Internetriesen AOL und Amazon, beide an der New Yorker Technologiebörse NASDAQ notiert, haben mir hohe Gewinne beschert. Aktienkurse verdoppelten, verdreifachten oder vervierfachten sich binnen weniger Monate. Schon mit kleinen Einsätzen ließ sich eine schöne Summe verdienen.

Zum Glück bin ich zu einer Zeit, als die Welt am Neuen Markt und auch an der NASDAQ noch in Ordnung war, für ein Semester zum Studieren nach Wien gegangen und habe vorher einiges verkauft, um Wien so richtig zu genießen – Staatsoper, Musicals, Museen, Kaffeehäuser, den Musikverein. Herrlich.

## Der Neue Markt brachte Goldgräberstimmung

Aber zurück zum Neuen Markt. Alles war plötzlich möglich. Börse war „in". Hohe Gewinne waren vorprogrammiert. Wer nicht dabei war, war selber schuld. Warum überhaupt noch arbeiten, haben sich damals viele gefragt. Schließlich verdienten sie an der Börse mehr als im Büro – ganz einfach und stressfrei. Herrlich! Ich erinnere mich an Kommilitonen, die ihre Studentenjobs an den Nagel hängten und lieber an der Börse zockten. Auch von „Erwachsenen", die ihre Jobs kündigten und zum Investor wurden, berichteten die einschlägigen Magazine. Wir investierten in die Technologien der Zukunft, in die zukünftigen Blue Chips, in noch ganz junge Unternehmen, die aber eine große, eine sehr große Zukunft zu haben schienen. „Nur Mut!" war die Devise. Das neue Börsensegment brachte Goldgräberstimmung an die Börse – und verbrannte letztlich Milliarden.

Es war eine verrückte Zeit: Am 10. März 1997 knallten auf dem Frankfurter Parkett die Champagnerkorken. Mit dem Börsengang von Mobilcom war der Neue Markt eröffnet. Es folgte eine schier nicht enden wollende Party. Der Aktienkurs des Mobilfunkanbieters schoss allein im ersten Börsenjahr um sagenhafte 2.800 Prozent in die Höhe – wer dabei war, konnte sein Glück kaum fassen. Was für ein Gewinn! Die Euphorie war ansteckend. Die Aussicht auf schnellen Reichtum lockte Tausende Privatanleger an die Börse. Kostolany warnte damals übrigens: „Alles wird mit einem fürchterlichen Krach enden." Aber das wollte niemand hören.

Der Neue Markt wuchs in atemberaubender Geschwindigkeit: Im März 1999 waren schon 73 Unternehmen an der deutschen NASDAQ-Kopie notiert, ein Jahr später 226 und vier Jahre nach ihrer Gründung dann stolze 337. Viele Unternehmen, die es damals auf das Parkett zog und denen die Privatanleger die Anteilscheine nur so aus den Händen rissen, waren alles andere als börsenreif. Aber das interessierte damals kaum jemanden. Die Neu-Börsianer zeichneten alles, was angeboten wurde. „Die ganze Börse hängt nur davon ab, ob es mehr Aktien gibt als Idioten – oder umgekehrt", sagte Kostolany einst. Der Ansturm am Neuen Markt war so groß, dass Anleger oft gar keine Anteile oder nur einen Bruchteil der gezeichneten Papiere bekamen. Es war eine Art Roulette oder Losziehung. Wer zu den „Gewinnern" zählte, konnte sich freuen. Schon am ersten Handelstag schossen die meisten Aktien durch die Decke. Eine sichere Sache. Ausnahmen gab es kaum.

Kennzahlen, auf die Börsianer bisher geachtet hatten, waren plötzlich nichts mehr wert. Dividendenrenditen? Langweilig, etwas für Spießer, für extrem risikoscheue Investoren, für Feiglinge. Kurs-Gewinn-Verhältnis, kurz KGV? Unwichtig. Gab es ja eigentlich auch gar nicht, denn die wenigsten am Neuen Markt notierten Unternehmen machten überhaupt Gewinne. Kurs-Buchwert? Auch wurscht. Zukunftsperspektiven, pure Fantasie, nur das war es, was zählte.

Und das war enorm anziehend. Die Aussicht auf scheinbar sichere Gewinne ließ die Aktionärszahl in Deutschland sprunghaft von

5,6 Millionen im Jahr 1997 auf den Rekordstand von fast 12,9 Millionen im Jahr 2001 steigen. Sie alle wollten ein Stück abhaben vom gigantischen Börsenkuchen.

Wer nicht volles Risiko fuhr, wurde belächelt. Konservativ investieren? Gewinne mitnehmen? Dafür hatten die meisten Neuer-Markt-Investoren nur ein müdes Lächeln übrig. Ich erinnere mich noch, wie mir mein Bankberater, mit dem ich auch privat befreundet war, von dem Vater eines Freundes erzählte. Der war seit Jahren an der Börse und fand das Treiben am Neuen Markt aberwitzig. Trotzdem machte er mit. Allerdings verkaufte er die Aktien grundsätzlich, wenn sie 100 Prozent gestiegen waren. Darüber haben wir damals ein bisschen geschmunzelt. Nicht, weil eine Kursverdoppelung eine heiße Wette und eher selten ist, sondern weil in Zeiten des Neuen Marktes doch eigentlich viel mehr drin war.

Auch wir waren Narren. Im Rückblick hat der Vater des Freundes alles richtig gemacht und satte Gewinne in einer völlig verrückten Zeit realisiert, während andere – davon schließe ich mich trotz einiger Gewinnmitnahmen leider nicht aus – ihre Gewinne dahinschmelzen sahen wie Eis in der Julisonne und schließlich auf dicken Verlusten saßen. Verluste hatte der väterliche Ratgeber übrigens mit Stop-Loss-Kursen begrenzt. Was 20 Prozent abrutschte, flog erbarmungslos aus dem Depot.

Solche Rücksetzer gab es aber erst einmal nicht. Am 10. März 2000, also pünktlich zu seinem dritten Geburtstag, erreichte der Neue Markt seinen Höchststand. Der Nemax All Share, in dem alle Werte gelistet waren, schloss auf einem neuen Allzeithoch von 8.559,32 Punkten. Der Nemax 50, der Auswahlindex der 50 größten Werte, stieg im Handelsverlauf auf 9.694,07 Punkte. Die Kursrallye brachte den Neuen Markt als „Zockermarkt“, als Kasino, in Verruf. Eine „Milchmädchen-Hausse“, urteilten die Ökonomen später.

Am nächsten Handelstag begann die Talfahrt. Und die war rasant. Anfang April 2001, rund drei Monate nach dem Allzeithoch bei fast 9.700 Punkten, stürzte der Nemax 50 unter die Marke von 1.300 Punkten. Was für eine Katastrophe! Wie konnte das passieren? Die Depots halbierten, viertelten, achtelten sich binnen weniger Wochen. Den Ausstieg haben wohl die wenigsten geschafft.

## Von der Wachstumsbörse zum Tummelplatz für Hochstapler

Aufgeblasene Bilanzen, Insiderhandel und Kursbetrug gaben der „New Economy" den Rest. Erinnern Sie sich noch an Comroad? Der Münchner Telematik-Spezialist hatte fast seine gesamten Umsätze erfunden. Auch die Brüder Haffa landeten vor Gericht. Die beiden EM.TV-Gründer wurden einige Jahre lang als Millionärsmacher gefeiert. Doch irgendwann mussten sie eingestehen, dass die Bilanzen ihrer Medienfirma EM.TV nicht stimmten. Die Frankfurter Wachstumsbörse verkam zum Tummelplatz für Hochstapler und unseriöse Geschäftemacher. Die Pleiten häuften sich. Die Kurse stürzten immer weiter ab. Ende August 2001 fiel der Nemax 50 im Handelsverlauf erstmals unter die Marke von 1.000 Punkten – für die noch junge Zunft der Privatanleger ein Desaster.

Dabei hatte es Warnsignale gegeben, beispielsweise eine Studie der Privatuniversität Witten-Herdecke aus dem Jahr 2000. Die Wissenschaftler kamen nach der Untersuchung von 68 Unternehmen am Neuen Markt zu dem Ergebnis: Fast der Hälfte der Firmen drohe der finanzielle Kollaps. Aber das wollte natürlich niemand hören.

Ein Jahr später war die Party auf jeden Fall vorbei und der Kater war immens. Nach den Anschlägen vom 11. September 2001 brachen die Kurse weiter ein. Bei Handelsschluss waren der Nemax 50 auf 841 und der Nemax All Share auf 875 Zähler gesunken. Erholt hat sich der Markt nicht mehr. Am 5. Juni 2003 wurde das Wachstumssegment beerdigt. Aus der Traum. Weg waren die Gewinne. Schlimmer noch, schmerzhafte Verluste standen auf vielen Depotauszügen. Viele Börsianer hatten sich übel verzockt. Nicht nur die Gewinne waren weg, auch der Einsatz war futsch.

War es ein Fiasko mit Ansage? Ja, meinte Börsen-Urgestein Fidel Helmer, Leiter des Wertpapierhandels der Privatbank Hauck & Aufhäuser, in einem Gespräch anlässlich des zehnten Jahrestags der Beerdigung des Neuen Marktes im Juni 2013. Viele Händler hätten dem „Zockermarkt" von Anfang an nicht getraut. „Die ersten Aktien am Neuen Markt, Mobilcom und Bertrandt, waren ja noch sehr gute", so Helmer. „Aber selbst da haben die Händler gesagt: Jetzt haben wir den Zockermarkt eröffnet. Das hat sich dann bewahrheitet." Nachdem die Pionier-Aktien in dem jungen Segment sehr gut gelaufen seien, habe sich der Hype verselbstständigt. „Schuld an der Misere waren alle Beteiligten: Die Kunden haben alles gezeichnet, was nicht niet- und nagelfest war", sagt Helmer. „Die Deutsche Börse hat die Kriterien für die Aufnahme neuer Titel viel zu lasch gehandhabt. Die Banken haben sich Unternehmen, die sie an die Börse gebracht haben, oft nicht so genau angeschaut. Und die Medien kannten im Grunde nur noch ein Thema: die New Economy."

Es gab aber auch warnende Stimmen. Ich habe damals kaum eine Folge des Börsenmagazins *Telebörse* im Fernsehen verpasst. Immer wieder warnte dort der Moderator und Börsenexperte Friedhelm Busch vor den Wachstumsaktien, mahnte schwache Bilanzen an, äußerte sich besorgt über die immense Blase. Angesichts der nicht endenden Kursrallye klang das oft unfreiwillig komisch. Auch ich habe ihn lange belächelt. Er war damals Anfang 50 und damit deutlich älter als die anderen Börsenkommentatoren, die sich von der Jubelstimmung an der Wachstumsbörse anstecken ließen. Irgendwie wirkte Busch da wie ein Spielverderber. Aber er hatte so recht mit seinen Warnungen und seiner Kritik! Hören wollten das die wenigsten, fühlen mussten es Monate später die meisten. Kostolany sagte einmal: „Ich bin früher täglich zur Börse gegangen, weil ich nirgendwo auf der Welt so viele Dummköpfe pro Quadratmeter treffen kann wie dort."

## Der Neue Markt wird zum Albtraum

Im Nachhinein frage ich mich, wie wir alle so verrückt, so närrisch sein konnten. Die Gier hat uns fest im Griff gehabt. Fundamentaldaten zählten nicht mehr. Wie sonst lässt sich erklären, dass Unternehmen, die Monat für Monat immer nur Geld, und zwar viel Geld verbrannten, an der Börse mehr wert waren als gut verdienende DAX-Unternehmen? Der totale Irrsinn. Noch zum fünften Geburtstag des Neuen Marktes im März 2002, also nach dem empfindlichen Absturz, hieß es in einer Broschüre der Deutschen Börse: „Der amerikanische Traum vom Selfmade-Millionär hatte sich für viele Unternehmer und Anleger über Nacht erfüllt – mitten im angeblich so innovations- und risikofeindlichen Deutschland. Nicht nur die Professionellen, sondern auch die Privatanleger drängten an die Börse." Die Narren haben wohl auch an der Deutschen Börse gearbeitet, auf jeden Fall aber in deren Öffentlichkeitsabteilung. Anders lässt sich diese irrwitzige, angesichts der horrenden Verluste in den Monaten zuvor sogar taktlose Aussage wohl kaum erklären. Denn vom „amerikanischen Traum vom Selfmade-Millionär" war längt nichts mehr übrig. Für viele war der Neue Markt inzwischen zum Albtraum geworden, der auch mit dem Aus des Börsensegments im Juni 2003 nicht endete.

Rückblickend hätte man den Neuen Markt wohl viel früher beerdigen müssen. Viele der Firmen hatten im Grunde am Aktienmarkt nichts zu suchen. Manche Unternehmen, die nur aus ein paar Leuten,

Computern und Büros bestanden, hatten auf einmal eine Bewertung wie Daimler. Dass da etwas nicht stimmen kann, hätte eigentlich jedem klar sein müssen, der einigermaßen vernünftig denken kann. Aber die meisten Börsianer waren zu dieser Zeit eben Narren.

Dabei war die Idee des Börsensegments eigentlich gut: Rasch wachsende Mittelständler – vor allem aus den Branchen Umwelttechnik, Telekommunikation, Biotechnologie und Multimedia – sollten sich besser mit Risikokapital versorgen können. Die Erfolgsgeschichte mancher Biotech- oder IT-Firmen wäre ohne den Neuen Markt nicht denkbar. Der Biotechnologiekonzern Qiagen ist ein Beispiel. Aber es gibt eben auch all die vielen (Beinahe-)Pleiten, die vielen abgestürzten einstigen Börsenstars.

Vielen Deutschen hat das Platzen der Internetblase das Interesse an Aktien gründlich verleidet. Nach Zahlen des Deutschen Aktieninstituts hatten zum Jahresende 2012 in Deutschland 8,8 Millionen Menschen direkt oder indirekt Geld in Aktien investiert. Der Anteil der Aktionäre an der Gesamtbevölkerung ist mit 13,7 Prozent deutlich geringer als in vergleichbaren Industriestaaten. Viele Anleger lassen seit dem Ende des Neuen Marktes die Finger von Aktien. Andere sitzen allerdings noch immer auf den Verlusten. Eine Verwandte von mir – eigentlich ein intelligenter, halbwegs rational denkender Mensch – hat immer noch Aktien aus dieser Zeit im Depot. Pennystocks übrigens, also Aktien, die weniger als einen Euro wert sind. Die Verluste: fast 100 Prozent. Der Wert: kaum noch messbar. Trotzdem schlummern die Verlierer weiter im Depot – Verkaufen wäre teurer als Liegenlassen. Ein typisches Verhalten von Privatanlegern.

## Narren haben selten recht

Zurück zu den Narren auf dem Parkett: Der Chef der Fondsboutique Loys kann ihnen einiges abgewinnen. „Die Narren sind in der Tat das größte Glück der Börse, es sei denn, man ist selber einer von ihnen", sagt Christoph Bruns. „Gäbe es die Narren nicht, die sich von jeder Mode mitreißen lassen und mehr an Visionen als an Cashflow glauben, müsste die Börse ungefähr im Gleichschritt mit dem Wirtschaftswachstum zulegen." Das hieße, mit Aktien könnten wir nur noch gut drei Prozent pro Jahr verdienen und nicht mehr sechs bis zehn Prozent wie in den vergangenen Jahrzehnten. Christoph Bruns ist überzeugt, dass Kostolanys Erkenntnis Gold wert ist, sofern man Geduld mitbringt im Wissen um die Gelegenheiten, die eine Herde von Narren präsentieren wird. Denn Narren haben selten recht, es kommt zu Überreaktionen, Blasen entstehen und platzen oder Aktien, die es nicht verdient haben, werden in Hysterie niedergetrampelt. Aus diesem Wissen lässt sich natürlich Kapital schlagen.

Doch was kann der Einzelne tun, um nicht als Narr zu enden – immerhin ist es nicht leicht, seine Emotionen wie Gier oder Angst zu unterdrücken? Entscheidend für den Anlageerfolg ist, dass die Gefühle nicht die Oberhand gewinnen. Nur wer seine Psyche – und seine Schwächen – überlistet, verschafft sich auf rationaler Ebene einen Vorsprung.

Im Klartext: Anleger müssen der Versuchung widerstehen, ihre langfristigen Anlageziele allein aufgrund kurzfristiger Schwankungen aufzugeben oder gar aufgrund spontaner Eingebungen komplett zu riskieren. Wir dürfen nicht zu gierig sein. Es gibt selten todsichere 100-Prozent-Chancen. Irgendwann kehrt die Börse zur Normalität zurück. Wir sollten unserer Strategie treu bleiben. Denn sonst könnten wir schnell zu Narren werden.

Wenn es allzu gut an der Börse läuft, dann sind es übrigens in der Regel die erfahrenen Anleger, die zuerst unruhig werden – wenn sie merken, dass ihr Friseur dieselben Titel hält wie sie. Es fällt ihnen die Warnung von der Milchmädchenhausse wieder ein. Oder der

*Bild*-Indikator. Der besagt, dass die Hausse mehr oder weniger beendet ist, wenn die *Bild*-Zeitung auf Seite 1 von der Rallye berichtet. Die Börse wird eben zu einem extrem hohen Prozentsatz von Emotionen beeinflusst. Das Ganze ist ein großes Theater, in dem der Kleinanleger den Narren gibt. Seine Zockermentalität wird immer wieder durchbrechen. Er wird sich immer wieder vormachen, dass die Börse eine Einbahnstraße ist und die Gewinnchancen unbegrenzt sind.

Übrigens: Als der Neue Markt kollabierte, habe auch ich geglaubt, die Kurse einstiger Highflyer würden sich erholen. Ich war ein Narr, aber ich habe irgendwann die Reißleine gezogen. Immerhin.

# 11

# Die fünf gefährlichsten Wörter der Kapitalanlage lauten: Dieses Mal ist alles anders.

Helicopter Ben rettet die Welt, Super Mario zumindest Europa. Ausnahmezustand an den Märkten. Staaten stehen vor dem Zusammenbruch, doch die Börsen belastet das nur für Stunden oder höchstens Tage. Auf die Notenbanker können wir Anleger uns verlassen. Die Rallye läuft im Frühjahr 2013 fast ungestört auf Hochtouren, als gäbe es keine Schuldenkrise diesseits und jenseits des Atlantiks. Dieses Mal ist alles anders. Oder nicht?

Schon seit Jahren tobt die Schuldenkrise und rüttelt die Märkte immer wieder durcheinander. Jede Aussage von Politikern wird mit Spannung erwartet, analysiert und überinterpretiert. Nicht selten sorgen diese Interpretationen dann für immense Ausschläge in die eine oder andere Richtung. Schon bevor der Chef der US-Notenbank (Fed) Ben Bernanke oder der Präsident der Europäischen Zentralbank (EZB) Mario Draghi an die Mikrofone treten, steigt die Nervosität an den Märkten. Kein Wunder: Die Notenbanken fluten die Märkte mit Geld, sorgen so für extrem hohe Liquidität und treiben DAX und Dow Jones auf neue Rekordhochs. Börse auf Droge – die Angst vor dem kalten Entzug ist enorm. Und deshalb sorgen die Währungshüter fast schon für panische Verkäufe, wenn sie auch nur andeuten, in nicht allzu ferner Zukunft den Geldhahn ein ganz kleines bisschen zuzudrehen. Doch lange währt die Angst selten, die Erholung folgt prompt. Obwohl sich fundamental kaum etwas geändert hat, schwankt der Wert einzelner Unternehmen binnen weniger Tage um zehn Prozent und mehr – Börse extrem. In der Krise herrscht Ausnahmezustand. Alte Regeln scheinen nicht mehr zu gelten.

Angst und Panik regieren in solchen Phasen die Börse. Manche Investoren machen sich dieses emotionale Auf und Ab zunutze und handeln genau gegen die herrschende Meinung. Sie wittern beispielsweise gerade in Krisen Gelegenheiten für günstige Käufe. Einer der berühmtesten Vertreter dieser Strategie ist Warren Buffett. Sie erinnern sich wohl noch an die Aussage des Orakels von Omaha alias Buffett: „Ich versuche, ängstlich zu sein, wenn andere gierig sind, und gierig zu sein, wenn andere ängstlich sind." Der Gedanke hinter seiner Strategie ist, dass die Märkte zur Rückkehr auf Mittelwerte neigen. Irgendwann beruhigt sich die Lage, es kehrt Ruhe ein. Rationalität statt Emotion.

Lassen Sie sich also nicht allzu sehr verunsichern vom hektischen Treiben an der Börse. Schon der legendäre amerikanische Fondsmanager Sir John Templeton warnte einst: „Die fünf gefährlichsten Wörter der Kapitalanlage lauten: Dieses Mal ist alles anders."

Templeton ist übrigens der Stammvater der Idee des Investmentfonds und Mitgründer der Fondsgesellschaft Franklin Templeton. Als einer von wenigen Protagonisten der Fondsbranche wurde er zum Ritter geschlagen. Der gebürtige Amerikaner, der später nach Nassau zog und britischer Staatsbürger wurde, starb im Juli 2008 im Alter von 95 Jahren an einer Lungenentzündung – also kurz vor der Lehman-Pleite, die die Finanzkrise ausufern ließ, und vor Ausbruch der europäischen Schuldenkrise.

## Baisse und Hausse sind zeitlich begrenzt

Seine Börsenweisheit von den fünf gefährlichsten Wörtern der Geldanlage gilt aber in Zeiten der europäischen Schuldenkrise mehr denn je. Sowohl die Baisse- als auch die Hausse-Märkte sind zeitlich beschränkt – auch wenn wir uns derzeit kaum vorstellen können, dass die Krise jemals gelöst wird. Erinnern Sie sich noch an Zeiten, in denen der DAX einfach nur wochenlang vor sich hin dümpelte und wir den Beginn der nächsten Quartalssaison herbeisehnten, damit endlich etwas Bewegung in den Markt kommt? Diese Zeiten werden wiederkommen. Außergewöhnliche Zeiten an den Finanzmärkten sind tatsächlich nur vorübergehend. Die Märkte werden sich wieder normalisieren, und in der Rückschau werden Sie ähnliche Muster erkennen. Das war zu Zeiten Templetons so und so ist es noch heute.

Ähnlich steht es übrigens auch in den „Zehn Regeln zur ständigen Beobachtung", die Robert Farrell, der bei der US-Großbank Merrill Lynch für die technische Marktanalyse zuständig war, vor einem halben Jahrhundert aufstellte. „Die Märkte neigen zur Rückkehr auf Mittelwerte" ist eine der Kernaussagen, die Farrells gesamte analytische Arbeit wie ein roter Faden durchzieht. Sie korrespondiert eng mit einer weiteren von ihm immer wieder angeführten Regel: Das Pendel schwingt von einem Extrem zum anderen.

Der Blick auf die Vergangenheit zeigt, dass Farrell recht hatte. Die Märkte kehrten nach größeren oder sogar extremen Ausschlägen immer wieder zu den Mittelwerten zurück. Damit ist aber nicht der Stand von Dow Jones oder DAX gemeint. Denn natürlich sind die Aktienkurse über Jahrzehnte hinweg tendenziell gestiegen. Farrell dachte eher an die Bewertung der Titel, als er seine Regeln formulierte. Nicht der Stand eines Index oder einer Aktie sei entscheidend. Vielmehr müssten Kennzahlen wie das Kurs-Gewinn-Verhältnis (KGV), das Verhältnis zwischen dem Kurs einer Aktie und dem Buchwert je Anteil des dahinter stehenden Unternehmens sowie die Dividendenrendite betrachtet werden, so Farrell. In allen Fällen gälten die jeweiligen langjährigen Durchschnittswerte als Orientierungspunkte. Ein Beispiel: Auf dem Höhepunkt der Dotcom-Blase im Jahr 2000 hatte der DAX ein Kurs-Gewinn-Verhältnis (KGV) von 33. Das bedeutet, dass der Kurs 33-mal so hoch war wie der Gewinn je Aktie. Der historische Durchschnittswert liegt bei 16. Ende Juni 2013 betrug das KGV 12. Eine klare Annäherung an den Mittelwert.

Eine weitere Regel aus Farrells Feder lautet: Es gibt keine „neuen Zeitalter", Exzesse sind nie von Dauer. Ob Internetboom oder Solar-Hype – auf dem Höhepunkt einer Rallye greift schnell die Vorstellung um sich, nun habe eine „neue Ära" begonnen. Die Börse scheint in der Wahrnehmung vieler Anleger zur Einbahnstraße zu werden. Doch so ist es eben nicht. Wenn plötzlich Modewörter wie „New Economy" die Runde machen, sollten Sie aufhorchen. Gleiches gilt für Verknappungstheorien – erinnern Sie sich noch an „Peak Oil"?

Selbst in Zeiten der Schuldenkrise sollten Sie nicht vergessen: Auch dieses Mal ist nicht alles anders! Allerdings dreht sich die Börsenwelt heute sehr viel schneller als zu Zeiten Sir John Templetons. Doch auch heute noch kehren die Märkte zumindest kurzfristig zu alten und vertrauten Bewertungsmustern zurück. Allerdings werden die Abstände zwischen den Phasen – also zwischen Ausnahmezustand und Mittelwert – immer kürzer. Das macht es schwierig, das richtige Timing abzupassen.

## Angst ist kein guter Ratgeber

Die Aussage Templetons ist auch eine Art Warnung. Er mahnt damit zur Besonnenheit. Wer klug ist, erinnert sich auch in Krisen daran, dass gute Aktien während allgemeiner Marktverwerfungen günstig zu haben sind. Wer Mut zeigt, längerfristig auf eine Normalisierung vertraut und Aktien kauft, dem eröffnen sich hervorragende Anlagechancen. Denken Sie nur an die enormen Gewinne, die Warren Buffett regelmäßig erzielt. Wer als Anleger mit der Masse geht, hat in diesen unruhigen und unsicheren Zeiten vor allem Angst – Angst vor Inflation etwa, vor Währungsverfall, vor höherer Besteuerung oder gar Enteignung. Doch Angst ist an der Börse nie ein guter Ratgeber. Wer jedoch mutig ist und sich als Anleger gegen die Massenmeinung stellt, sieht in der Krise neben Risiken erhebliche Chancen.

Das sind logische Argumente, die bei verunsicherten oder gar ängstlichen Anlegern aber oft auf taube Ohren treffen. Sie agieren hochemotional – verkaufen aus Angst zu Tiefstkursen und kaufen viel zu teuer, nur weil die Stimmung gerade so gut ist. Der Mechanismus dahinter: „Kursgipfel stellen sich ein, wenn der Optimismus der Anleger seinen Höhenpunkt erreicht“, analysierte Sir John Templeton einst. „Die Kurse fallen auf Tiefs und bilden dann einen Boden, wenn der Pessimismus der Anleger seinen Tiefststand erreicht.“ Templeton wusste, wovon er sprach. Er begann seine Karriere 1937 an der New Yorker Wall Street und galt bald als Pionier auf dem Gebiet der Auswahl einzelner Aktien. Dabei stützte er sich auf das, was er den Punkt des „maximalen Pessimismus“ nannte. Später nannte sich dieser Ansatz „Value-Strategie“ – Aktien kaufen, wenn sie unterbewertet sind.

Doch warum fällt es Anlegern so schwer, diese Muster zu erkennen? Ganz einfach: Wir lassen uns vom aktuellen Geschehen verwirren. Kurzfristig betrachtet sind Situationen immer wieder neu, also „anders“. John Pierpont Morgan, der Gründer von J.P. Morgan, riet Anlegern einst: „Gehe so weit, wie du sehen kannst; wenn du angekommen bist, wird es dir möglich sein, weiter zu sehen.“ Langfristig wird es immer wieder Muster aus der Vergangenheit geben, die sich auf die aktuelle Situation anwenden lassen. Die Kunst liegt darin, diese zu erkennen. Denn auch dieses Mal ist nicht alles anders!

Einer **Straßenbahn** und einer Aktie darf man nie **nachlaufen.** Nur **Geduld:** Die nächste kommt mit **Sicherheit.**

Welcher Anleger kennt das nicht? All die verpassten Chancen an der Börse. Beim Blick auf die Börsencharts besonders erfolgreicher Aktien denkt er: „Wäre ich doch bloß damals eingestiegen“ oder „Diese Aktie hätte ich haben müssen“. Während im eigenen Depot die Langweiler schlummern, haben andere Titel Vollgas gegeben. Die Börsenwelt kann ganz schön ungerecht sein.

Im Nachhinein ist es natürlich leicht, die Börsenstars auszumachen. Und wenn der Kurs der vermeintlichen Superaktie dann auch noch weiter steigt und steigt und steigt, dann juckt es in den Fingern, doch noch auf den sprichwörtlichen fahrenden Zug aufzuspringen. Aber das kann schiefgehen, wie nicht nur André Kostolany wusste. Der legendäre Börsenaltmeister sagte einst: „Einer Straßenbahn und einer Aktie darf man nie nachlaufen. Nur Geduld: Die nächste kommt mit Sicherheit.“

Doch das mit der Geduld ist so eine Sache, wenn andere sich über dicke Kursgewinne freuen. Auch Profis kennen das. Es gibt wohl kaum einen Investor, der sich nicht des Öfteren angesichts verpasster Möglichkeiten gegrämt hätte. Auch Fondsmanager Christoph Bruns erzählte mir, er habe dieses Gefühl schon häufig gehabt. „Dass wir bei Loys etwa die großartige Entwicklung der Apple-Aktie in den vergangenen zehn Jahren nicht mitgemacht haben, obwohl wir hinreichend Hinweise hatten, ist schon ärgerlich“, sagte der Chef der Fondsboutique Loys einmal. Das war im Sommer 2012.

Gut, dass er nicht nachträglich auf den fahrenden Zug aufgesprungen ist. Zwar erreichte die Apple-Aktie im Spätsommer 2012 ihr Allzeithoch bei etwas mehr als 700 US-Dollar, doch dann ging es rasant abwärts. Binnen eines halben Jahres halbierte sich die Aktie fast. Wer in den euphorischen Sommermonaten noch eingestiegen ist, hat heftige Verluste einstecken müssen. Wer im Kursrutsch nachgekauft hat, um seinen Einstiegskurs zu verringern, der hat immer wieder in das fallende Messer gegriffen. Auch wer nach den ersten Rücksetzern eine Kaufgelegenheit witterte, um endlich auch mit von der Partie zu sein, hat sich in die Finger geschnitten.

Wer allerdings schon vor vielen Jahren in die Aktie des Technologiekonzerns investiert hat, kann sich noch immer über satte Gewinne freuen – auch wenn die natürlich schon sehr viel höher waren: Vor zehn Jahren kostete das Papier nämlich keine neun Dollar, dann nahm die Straßenbahn Fahrt auf.

## Die Masse macht keine Gewinne

Das Beispiel zeigt: Wer früh einsteigt, macht Gewinne. Wer der Straßenbahn nachläuft, lebt gefährlich. Denn ein Nachlaufen bedeutet, dass Sie einem Herdentrieb folgen. Es klingt unlogisch, aber es ist unklug, eine Aktie nur deshalb zu kaufen, weil ihr Kurs gerade klettert. Studien haben gezeigt, dass derjenige, der mit der Masse investiert, keine großen Gewinne macht. In effizienten Märkten sind positive und negative Informationen zu einer Aktie bereits eingepreist.

Nun können Sie dem natürlich entgegenhalten, dass Anleger mit der Apple-Aktie sehr lange sehr gut fuhren, dass die Herde den Aktienkurs immer weiter in die Höhe getrieben hat, die Straßenbahn jahrelang mit Vollgas unterwegs war. Doch genau hier liegt das Problem: Der Privatanleger weiß nicht, wann sie wieder zum Stehen kommt oder vielleicht sogar in die entgegengesetzte Richtung fährt.

Für Investoren, egal ob privat oder institutionell, ist es gar nicht so einfach zu erkennen, in welche Richtung die „Straßenbahn" künftig fahren wird und ob sich das Hinterherrennen nicht vielleicht doch noch lohnt. Es ist fast unmöglich, das richtige Timing zum Einstieg in eine Aktie zu finden. Quantitative Kennziffern wie beispielsweise das Kurs-Gewinn-Verhältnis (KGV) helfen bei der Orientierung, ob eine

Aktie fair bewertet oder – im Vergleich zum Gesamtmarkt oder zu den direkten Konkurrenten – vielleicht schon sehr teuer ist. Als Faustregel gilt: Bei einem KGV von mehr als 10 sollten Sie genau überlegen, ob das Unternehmen, in das Sie investieren möchten, über zukunftsweisende Produkte verfügt und auch im Vergleich zum Wettbewerb gut gerüstet ist, oder ob Sie möglicherweise nur hinterherlaufen.

Viele Aktien steigen allerdings seit Jahren. Sollten Anleger dennoch generell nicht versuchen, auf fahrende Züge wie etwa die Aktien des deutschen Konsumgüterkonzerns Henkel oder des US-Internetriesen Google noch aufzuspringen? Pauschal lässt sich diese Frage nicht beantworten. Es kommt auf viele Faktoren an: Wie laufen die Geschäfte? Ist das Unternehmen auch in Zukunft wettbewerbsfähig oder könnte es von der Konkurrenz abgehängt werden? Wie ist die Aktie bewertet?

Grundsätzlich ist die Einzeltitel-Auswahl für Privatanleger ziemlich riskant. Setzen sie auf die falsche Aktie, drohen hohe Verluste. Statt auf die Richtung und Geschwindigkeit einzelner Straßenbahnen zu wetten, sollten Sie deshalb darauf achten, dass die Bahn Sie ans richtige Ziel bringt. Übersetzt auf die Geldanlage heißt das, auf die geeignete Strategie und dabei auf eine breite Streuung zu achten.

Wir können eben nicht in jede Überflieger-Aktie investiert sein. Unser Börsenleben ist voller verpasster Anlagechancen. Es hat keinen Sinn, diesen verpassten Chancen hinterherzujammern oder – schlimmer noch – hinterherzurennen. Schon Kostolany wusste: Es wird wieder interessante Einstiegschancen geben.

Und die gilt es zu erkennen. Dazu gehört allerdings einiger Mut. Anleger müssen sich trauen, zu kaufen, wenn die Bewertungen niedrig sind. So wie es große Value-Investoren wie Warren Buffett regelmäßig tun. Statt einer fahrenden Straßenbahn nachzulaufen, sollten Sie einsteigen, bevor die Bahn überhaupt anfährt.

Im Supermarkt funktioniert dieses Prinzip übrigens quasi automatisch: Dort greifen wir doch auch zu Schnäppchen und meiden Teures. Bei der Geldanlage spielt uns jedoch unsere Psyche einen Streich. Kann wirklich gut sein, was billig ist? Unsere Verlustaversion steht dem grundsätzlich richtigen Impuls, auch an der Börse günstig einzukaufen, im Weg. Die meisten Privatanleger kaufen erst, wenn sie sicher sind, dass Kursanstiege von Dauer sind. Gerade in turbulenten Börsenphasen ist das aber keine gute Strategie: Experten sind überzeugt, dass es an der Börse auch mittelfristig noch stark auf und ab gehen wird. Wer nur zu hohen Kursen einsteigt und in Angstphasen verkauft, nimmt lediglich Verluste, nicht aber die langfristig positive Entwicklung mit.

Die Börsenweisheit von André Kostolany gilt also noch immer. Nur wird es für Anleger gerade in turbulenten Börsenphasen immer schwerer, zu erkennen, ob die Straßenbahn schon abgefahren ist oder der Einstieg noch lohnt. Wenn Sie interessante oder unterbewertete Aktien aufspüren möchten, müssen Sie sich sehr genau mit den Aktien beschäftigen und eine Menge Kennzahlen wälzen. Sonst laufen Sie Gefahr, den falschen Titeln hinterherzulaufen.

# 13

**Konzentrieren** Sie Ihre Investments. Wenn Sie über einen **Harem** mit **40 Frauen** verfügen, lernen Sie keine **richtig** kennen.

Die Übersicht zu verlieren ist nie gut – nicht zu Hause, nicht im Beruf und schon gar nicht bei der Geldanlage. Warren Buffett gibt Anlegern deshalb einen guten Ratschlag mit auf den Weg. „Konzentrieren Sie Ihre Investments", sagt der Mann mit dem zerzausten Haar und dem ansteckenden Lächeln. „Wenn Sie über einen Harem mit 40 Frauen verfügen, lernen Sie keine richtig kennen." Zugegeben, das klingt mehr nach einem Scherz als nach einer Empfehlung für Anleger, aber blättern Sie nicht gleich weiter zum nächsten Kapitel.

Denn Warren Buffett ist bekannt für eine ganze Reihe von Börsenweisheiten und klugen Ratschlägen. Oft trifft er damit ins Schwarze und legt Schwächen wie Gier oder allzu kurzfristiges Denken von Anlegern schonungslos offen. Auch wenn wir diesen flapsigen Vergleich von Depot und Harem getrost mit einem Augenzwinkern bewerten dürfen, ist doch einiges dran an diesem Ausspruch des Superinvestors.

Natürlich ist es ziemlich gefährlich, wenn wir uns nur auf zwei oder drei verschiedene Aktien konzentrieren. Schließlich hat nicht jeder Privatanleger ein solch geniales Händchen bei der Aktienauswahl wie Buffett. Wenn wir nur auf wenige Aktien setzen, schlägt ein einzelner Fehlgriff sehr stark auf das Gesamtportfolio durch und reißt so ein dickes Loch in die Bilanz.

Trotzdem hat Buffett theoretisch recht. Denn je konzentrierter wir investieren, desto bessere Renditen sollten wir erzielen – aber eben nur, wenn wir die richtigen Aktien erwischen, echte Superaktien am besten. Aber genau da wird es schwierig. Kaum ein Privatanleger kann Unternehmen derart tief greifend analysieren, wie Buffett es tut. Immer nur Outperformer zu erwischen, also Aktien, die sich viel besser entwickeln als der Markt, das ist zwar der Traum jedes Anlegers. Eine solche Auswahl gelingt aber kaum jemandem.

Und wenn wir ehrlich sind, dürften uns auch das Selbstvertrauen und vor allem die Nerven fehlen, um mit einem auf drei oder vier Werte konzentrierten Depot auch schwierige Phasen durchzustehen.

Eine extreme Konzentration auf nur wenige Werte ist für Privatanleger also nicht zu empfehlen. Für sie lautet das Motto: Diversifikation, also die Streuung des Risikos auf mehrere Anlageklassen und -produkte. Das ist zwar deutlich langweiliger, dafür aber langfristig auch viel Erfolg versprechender. Das wohlverdiente Geld auf ganz wenige Unternehmen zu verteilen wäre eine ziemlich heiße Spekulation.

## Eine Warnung vor Unübersichtlichkeit

Ich persönlich glaube übrigens nicht, dass Buffett uns wirklich empfehlen will, nur auf drei oder vier Aktien zu setzen. Mit seiner Aussage warnt er vielmehr vor Unübersichtlichkeit. Mit dem Streuen können es Anleger nämlich auch übertreiben.

In diese Falle bin ich selber schon getappt. Meine ersten Börsenerfahrungen habe ich zu Zeiten des Neuen Marktes gemacht. Ich habe mich zeitweise von der Euphorie an den Märkten anstecken lassen, wollte überall dabei sein. Donnerstags habe ich mir die einschlägigen Anlegermagazine am Kiosk gekauft, sie mehr oder weniger inhaliert. Den Empfehlungen, die meiner Meinung nach den größten Profit abwerfen sollten, bin ich gefolgt und habe die Aktien gekauft. Woche für Woche.

Im Nachhinein erinnert mich das an die Bonbon-Stände in meiner Jugend. Kennen Sie die auch noch? Unzählige Fächer oder Schalen mit verschiedenen Süßigkeiten zu horrenden Preisen. Ich lief von Schale zu Schale und füllte meine Tüte – Gummibärchen, Lakritzschnecken, saure Heringe, Cola-Fläschchen und so weiter und so fort. Die Tüte wurde immer voller und dicker. Und später habe ich darin gewühlt wie verrückt, aber eigentlich nie die Leckerei gefunden, nach der ich gerade gesucht habe.

Ähnlich lief es Jahre später an der Börse. Meine Kaufwut hatte leider zur Folge, dass mein Depotauszug immer länger und länger wurde – und natürlich auch unübersichtlicher. Irgendwann musste ich zwangsläufig den Überblick verlieren. Die ein oder andere böse Überraschung blieb mir leider nicht erspart. So ist das eben, wenn man den Überblick verliert. Mein Lehrgeld an der Börse habe ich bezahlt und weiß heute: Es ist unmöglich, die Entwicklung von 30 oder 40 Unternehmen zu verfolgen. Das mögen Profis hinbekommen, die den ganzen Tag nichts anderes tun und über ausgeklügelte Computerprogramme verfügen, aber Privatanleger schaffen es nicht.

In meinem Fall war die übertriebene Streuung auch noch aus einem anderen Grund ziemlich teuer. Als Studentin hatte ich nicht viel Geld und habe deshalb immer nur Kleinstbeträge investiert. Für diese Orders musste ich dann verhältnismäßig hohe Gebühren zahlen, denn die meisten Banken und Onlinebroker verlangen eine Mindestgebühr für Kauf- und Verkaufsaufträge. Diese Gebühren wurden dann noch einmal fällig, als ich mich von meinen Minipositionen getrennt habe. Der Schaden war aber zum Glück nicht so groß, weil die meisten Aktien damals liefen, ich also oft mit Gewinnen verkauft habe. Von denen blieb nach Gebühren natürlich nicht mehr viel übrig. Damals habe ich gelernt, erstens nicht wild und wahllos jedem Tipp hinterherzurennen und zweitens die Anzahl meiner Investments zu begrenzen.

Eine gewisse Übersichtlichkeit à la Buffett kann nämlich nicht schaden. Denn ein Depot mit 40, 50 oder 60 Einzelwerten wird wohl kaum ein Privatanleger wirklich im Griff haben, im Gegenteil. Die große Kunst besteht darin, ein gesundes Maß zu finden. Was nützt es, wenn im Depot 100 verschiedene Positionen aufgelistet sind, wenn dann 50 davon gewinnen und 50 verlieren. Wie viele Aktien es letztlich sein sollen, darüber streiten sich die Weisen. Buffett empfiehlt, sich auf 10 bis 20 Einzeltitel zu beschränken. Darunter wird es zu riskant, bei mehr als 20 zu unübersichtlich.

Privatanleger, die sich nicht permanent mit den Märkten und ihren Investments auseinandersetzen können, sollten sich zu allererst über ihr persönliches Chance-Risiko-Profil und ihren Anlagehorizont Gedanken machen. Dann geht es an die Auswahl der Anlagen, die bitte nicht allzu konzentriert sein sollten, sondern breit gestreut.

Zu streuen heißt übrigens auch, nicht nur auf Aktien zu setzen, sondern auf verschiedene Anlageformen. Das können Anleihen, Rohstoffe oder Immobilien sein. Getreu der Weisheit „Lege nicht alle Eier in einen Korb" bedeutet Streuen nicht nur, sein Geld auf verschiedene Anlageformen zu verteilen. Auch innerhalb der einzelnen Anlageklassen sollten Anleger variabel sein. Wer nur Aktien eines einzigen Unternehmens, dafür aber in umso größerer Zahl in sein Depot packt, geht ein zu großes Wagnis ein. Wer auf Einzeltitel setzt, sollte das Geld, das für Aktien vorgesehen ist, auf jeden Fall auf verschiedene Branchen setzen. Auch das reduziert das Risiko.

Das Gleiche gilt für Anleihen. Verteilen Sie das Geld auf Bonds verschiedener Länder, auch auf Staaten mit soliden Finanzen außerhalb der Eurozone. Wer ausschließlich auf festverzinsliche Papiere setzen will, diversifiziert beispielsweise über fünf Länder und jeweils drei verschiedene Laufzeiten. Das ergibt dann ein Portfolio mit 15 Anleihen.

## Modethemen sind schnell „out"

Noch einfacher ist es mit Fonds. Ein Fondsdepot sollte aus vier bis fünf globalen, europäischen oder deutschen Index- oder Value-Fonds bestehen. Von Branchen-, Themen- oder anderen Spezialfonds raten die meisten Experten grundsätzlich ab. Oft werden über solche Anlagevehikel Modethemen gespielt. Aber wie es eben ist mit Modethemen, sind sie relativ schnell nicht mehr „in“, sondern „out“.

Konzentrieren Sie sich also lieber auf breit streuende Fonds. Auch Mischfonds können eine gute Wahl sein. Wie der Name schon sagt, mischen die Fondsmanager einzelne Anlageklassen. So kann schon mit einem einzigen Fonds eine gute Diversifikation erzielt werden. Allerdings würde ich immer auf mehrere Produkte setzen, um nicht von einem einzelnen Manager abhängig zu sein.

Wer Fondsmanagern die Auswahl der Titel überlässt, erspart sich die mühsame Analyse der Unternehmen. Denn bevor Buffett in eine Firma investiert, wird diese gründlich durchleuchtet, Gespräche mit dem Management werden geführt, Wettbewerbsanalysen durchgeführt. Natürlich müssen Sie nicht immer jedes kleine Detail über Ihre Investments wissen, aber es würde auch nicht schaden.

Viel wichtiger ist es, ein Gespür dafür zu haben, welche ökonomischen Faktoren Ihre Geldanlage beeinflussen können. Sie sollten einen guten Riecher dafür entwickeln, wann sich ein Engagement in einem bestimmten Markt lohnen kann. Wenn Sie sich das nicht zutrauen, sind breit investierende Investmentfonds oder börsennotierte Indexfonds, die einen Index wie etwa den DAX eins zu eins abbilden, eine gute Lösung, um die Vielfalt der Finanzwelt auf ein paar ausgewählte Produkte zu reduzieren.

Denn man kann nicht alles haben, zumindest nicht ohne den Überblick zu verlieren. Und das gilt für das Depot ebenso wie für den Harem. Vielleicht ist das auch der Grund, warum Letzterer in unserem westlichen Kulturkreis nicht vorzufinden ist …

Wie auch immer Buffett auf diesen Vergleich gekommen ist, er selbst lebt in geordneten Verhältnissen. An seinem 76. Geburtstag gab der Finanzinvestor im Jahr 2006 der 16 Jahre jüngeren Astrid

Menks das Jawort. Es ist seine zweite Ehe. Buffetts erste Ehefrau Susan war im Juli 2004 im Alter von 72 Jahren gestorben. Das Paar hatte 1957 geheiratet, sich aber bereits Ende der 1970er-Jahre getrennt. Susan Buffett lebte seit 1977 in San Francisco. Sie und Buffett blieben allerdings bis zu ihrem Tod verheiratet und hielten Kontakt.

# 14

# Sell in May and go away. But remember to come back in September.

Alle Jahre wieder: Ihr Blick fällt auf den Kalender. Es ist Mai. Ihnen fällt die alte Börsenweisheit „Sell in May and go away" ein und Sie fragen sich: Was ist dran? Erzielen wir wirklich eine Überrendite, wenn wir der Börse im Sommer fernbleiben? Glauben wir dieser populären Börsenweisheit, dann sind Sommermonate keine guten Börsenmonate. Im Sommerloch sind die Umsätze schwach und die Kurse purzeln. Richtig rund läuft es erst wieder im Herbst. Das zumindest besagt der zweite Teil der alten Börsenregel: „But remember to come back in September." Wir erzielen also dann höhere Kursgewinne, wenn wir unsere Aktienbestände im Mai verkaufen und erst im September auf das Parkett zurückkehren – so die Regel.

Der Klassiker unter den Börsenweisheiten ist aber keinesfalls unumstritten. Kalenderzeitregeln messen lediglich Häufungen der Vergangenheit, meinen diejenigen, die mit der Regel wenig anfangen können. Martin Weber geht sogar noch weiter. Der Wirtschaftsprofessor von der Universität Mannheim ist sicher, dass diese Börsenweisheit nie gestimmt habe und nur „eine clevere Idee" der Händler gewesen sei, die im Sommer weniger arbeiten wollten. Die Weisheit könne auch gar nicht stimmen. „Wenn man wüsste, dass die Kurse in Sommer runtergingen, würde man ja gerade dann durch Leerverkäufe viel Geld verdienen können", sagte er mir. Doch genau das bezweifelt der Professor.

Ich werde ehrlich gesagt immer ein wenig nervös, wenn der Mai anbricht. Ich warte fast auf den Kursrutsch, denke sogar über Stop-Loss-Kurse nach, die ich ja eigentlich gar nicht mag, weil sie erst einmal Geld kosten. Meistens tue ich dann aber doch nichts – mal liege ich falsch, mal richtig. Ich besinne mich dann auf meine Langfriststrategie. Die wird, da bin ich mir sicher, aufgehen – turbulente Sommermonate hin oder her. Aber sind die Monate Mai bis September wirklich so schlecht?

In der Börsengeschichte finden sich natürlich Beispiele, die als Beweis herhalten, wie wenig die Weisheit angeblich taugt. Denken Sie nur an den Mai 2013. Wer Anfang des Monats sein Depot leerräumte, verpasste die Rekordjagd an den Börsen. Der DAX knackte ein Rekordhoch nach dem anderen und schaffte den bis dato höchsten Stand aller Zeiten bei 8.558 Punkten. Insgesamt legte der Leitindex fast sechs Prozent zu – übrigens einer der besten Monate seiner 25-jährigen Geschichte. Auch in den USA war der Mai alles andere als ein schwacher Börsenmonat.

Es gibt viele Jahre, in denen „Sell in May and go away. But remember to come back in September" die absolut falsche Strategie gewesen wäre. In der Finanzkrise, die ab Mitte September 2008 zu einem starken Kursverfall des DAX führte, hätte es sich gar rentiert, Mitte September die Gewinne mitzunehmen und im Mai 2009 wieder einzusteigen. Anleger wären also sogar besser damit gefahren, die Regel auf den Kopf zu stellen.

Im Jahr 2011 hingegen hätten diejenigen Anleger, die der Weisheit blind folgen, genau richtig gehandelt – auch wenn der katastrophale Markteinbruch im August und September nichts mit einem Sommerloch zu tun hatte, sondern vielmehr mit der sich dramatisch zuspitzenden Schuldenkrise. Die Aktienkurse richten sich letztlich eben doch nicht nach dem Kalender.

Historisch betrachtet wird der Mai seinem schlechten Ruf durchaus gerecht. Zwar liegt die durchschnittliche Wertentwicklung deutscher Standardwerte in diesem Monat über die vergangenen 65 Jahre „nur" bei minus 0,1 Prozent – die Verluste halten sich also in Grenzen; aber im Vergleich zu zehn anderen Monaten im Jahr ist das kein gutes Ergebnis. Nur der September ist noch schlechter, minus 0,6 Prozent zeigt die historische Analyse des Deutschen Aktieninstituts (DAI), die alle Börsenmonate seit 1948 erfasst. Und:

Der September ist auch nach dem berüchtigten Crash-Monat Oktober – in den Jahren 1929, 1987 und 2008 krachte es an den Weltmärkten bekanntlich kräftig – der schwankungsreichste für die 30 Unternehmen der ersten Börsenliga.

## Geringe Umsätze bringen hohe Schwankungen

Wissenschaftlich spricht auch einiges für die Regel, vor allem dann, wenn wir nicht nur die einzelnen Monate gesondert betrachten. In etwa zwei Drittel aller beobachteten Zeiträume stehen die Börsen im September tiefer als im Mai. Als Erklärung dafür muss immer wieder die klassische Urlaubssaison herhalten. Auch Fondsmanager und Investoren verreisen dann mit ihren Familien und handeln eben nicht an der Börse. Die Umsätze sind schwach und die Kursausschläge – nach oben wie nach unten – entsprechend heftiger. Es reichen schon kleine Kauf- oder Verkaufsaufträge, um die Kurse zu bewegen.

Ganz verabschieden werden sich die Profis aber wohl auch im wohlverdienten Urlaub nicht. Ebenso wenig wie engagierte Privatanleger übrigens. Dank Microsoft-Gründer Bill Gates, dem visionären Apple-Genie Steve Jobs und seinen Jüngern wird heutzutage fast jede Hosentasche sekündlich mit den aktuellsten News von den Märkten versorgt. Eine solche Informationstiefe war vor zehn Jahren – wenn überhaupt – nur professionellen Investoren zugänglich. Heute werden Anleger nicht nur mit Informationen versorgt, sie können mit ihren Hosentaschen-Geräten – neudeutsch Smartphones genannt – sogar an der Börse handeln.

„Sell in May" aber stammt aus einer Zeit, in der auch professionelle Anleger während ihres Urlaubs die Märkte nicht ausreichend beobachten konnten und nur selten die Möglichkeit hatten, direkt oder indirekt in das Geschehen einzugreifen. Sie verabschiedeten sich in der Tat für die Dauer ihres Urlaubs von den Märkten. Das ist heute anders.

Was sich aber nicht geändert hat: Professionelle Investoren sind vor allem zum Jahresbeginn traditionell sehr aktiv, vor allem Fondsmanager positionieren sich im ersten Quartal. Nach einigen Monaten lässt der Aktionismus dann ein wenig nach. Sind die gesteckten Ziele erreicht, nehmen sie Gewinne mit. Pünktlich zur Urlaubssaison kommt es dann zu Rückschlägen. Das ist einer der Gründe, warum die Börsenweisheit in vielen Jahren funktioniert.

Eine Überrendite verspricht auch eine leicht abgewandelte Version der altbekannten Börsenweisheit: „Sell in Summer." Bei dieser Strategie kaufen Sie beispielsweise am 31. September einen Indexfonds auf den DAX und verkaufen ihn am 31. Juli des Folgejahres wieder. Damit bleiben Sie der Börse in den schwachen Börsenmonaten August und September fern, die im historischen Vergleich durchschnittlich eine klar negative Entwicklung aufweisen. Von 1989 bis 2013 hätten Sie mit dieser Strategie eine jährliche Rendite von fast 15 Prozent eingefahren, aus 10.000 Euro wären etwas mehr als 250.000 Euro geworden – ein stolzer Gewinn. Hätten Sie den DAX-ETF die ganze Zeit über gehalten, hätte sich Ihr Einsatz „nur" knapp versechsfacht, nämlich auf 57.000 Euro. Der Unterschied ist enorm. Sie hätten aber Ihre Strategie sehr konsequent verfolgen müssen und sich nicht von Emotionen leiten lassen dürfen. Und das fällt uns an der Börse bekanntlich schwer. Die Deutsche Börse nimmt uns die Arbeit ab und hat mit dem DAX plus Seasonal Strategy Index ein Aktienbarometer entwickelt, das genau diese Strategie abbildet.

„Sell in Summer" verdankt das gute Abschneiden aber einer Reihe von Sondereffekten. So fielen der Ausbruch des Golfkriegs 1990, der 11. September 2001 und die Verschärfung der Eurokrise 2011 zufällig in die Sommermonate. Der DAX ist jeweils massiv eingebrochen, davor hätte die Strategie Sie geschützt. Allein in diesen drei Jahren wurde der DAX-Absturz durch „Sell in Summer" um jeweils mehr als 20 Prozent abgemildert. In ausgeprägten Hausse-Phasen allerdings mindert der Ausstieg aus dem Investment im Sommer die Rendite.

Ob nun „Sell in May“ oder „Sell in Summer“ – das Ganze hat noch einen weiteren Haken: Von dieser Überrendite müssen wir natürlich die Transaktionskosten abziehen. Und die Regeln funktionieren eben nicht in allen Fällen, sodass wir die Strategie über mehrere Jahre eisern durchziehen müssten, um in den Genuss der statistischen Überrendite zu kommen. Und diese Nerven haben die wenigstens Privatanleger. Oder hätten Sie gerne die Rekordjagd im Mai 2013 verpasst?

## Der Winter ist die bessere Jahreszeit

Ganz so eindeutig ist die Statistik auch in jüngster Zeit nicht gewesen. Die Fondsgesellschaft Fidelity hat die Börsenstände von Anfang Mai und Mitte September verglichen. Das Ergebnis: Der Deutsche Aktienindex lag seit 1997 in den Sommermonaten zwar häufiger im Minus als im Plus, aber eine eindeutige Tendenz ist nicht auszumachen.

Doch wie sieht es mit dem zweiten Teil der Weisheit aus? Funktioniert „Come back in September“ besser? Die Zahlen des deutschen Aktieninstituts zeigen ganz klar: Der Winter ist für die Börse die bessere Jahreszeit. Während der DAX von Anfang Oktober bis Ende April laut Instituts-Berechnungen eine durchschnittliche Wertsteigerung von gut zehn Prozent erzielt, schafft er in den fünf Sommermonaten nur knapp über ein Prozent.

Vor allem das vierte Quartal ist an der Börse oft stark. Der Grund liegt im Verhalten der Profis. Tendenziell entscheiden Fondsmanager im vierten Quartal, welche Werte sie noch unbedingt in ihr Depot nehmen müssen. Schließlich möchten sie ihren Kunden am Jahresende zeigen können, dass sie in die erfolgreichsten Aktien investiert haben. „Window Dressing“ heißt das im Börsensprech: Das Schaufenster wird bestückt, um einen guten Eindruck zu machen und neue Kunden anzulocken. Die viel zitierte Jahresend-Rallye wird in guten Börsenjahren damit fast zum Selbstläufer, oft sogar mit zweistelligen Oktober-Renditen.

Deshalb müsste die Regel übrigens gerade historisch betrachtet ein wenig korrigiert werden. Bei „Remember to come back in September“ ist die Wahrheit nämlich etwas der Poesie geopfert worden. Mit Blick auf die Statistik müsste es heißen: „Remember to come back at the end of September“ oder auch „Remember to come back in October“, aber das reimt sich eben nicht so schön.

Der allerbeste Oktober für die deutschen Standardwerte stammt übrigens aus dem Jahr 1949. Das Plus von immerhin 56 Prozent war eine Gegenbewegung nach den starken Verlustjahren für viele Unternehmen im und nach dem Krieg. In turbulenten Jahren kann der Oktober dagegen zur Falle werden. Wie zum Beispiel 1987, als plötzlich sehr viele Anleger ihre Dividendenpapiere loswerden wollten. Nachdem es zu heftigeren Kursabstürzen an der New Yorker Wall Street gekommen war, sackten in der Folge auch in Europa die Kurse ab. Die Märkte brachen binnen weniger Tage um mehr als 20 Prozent ein. Viele Investoren verkauften in Panik. Wie so oft nach solch heftigen Abstürzen dauerte es damals aber nur wenige Monate, bis der DAX den Stand von Anfang Oktober 1987 wieder erreicht hatte. Immer funktioniert die schnelle Erholung aber nicht: Der DAX-Stand von vor der Pleite der US-Bank Lehman Brothers im September 2008 bei rund 8.000 Punkten wurde erst im März 2013, also nach fast fünf Jahren, wieder eingestellt. Auch für die Wintermonate gilt also: Die Börse richtet sich nicht zwangsläufig nach Kalendermonaten.

## Monatsnamen sollten nicht die Anlage bestimmen

Hat die alte Regel damit ausgedient? Nein, aber statistische Börsenregeln sind genau das und nur das: statistische Regeln. Rechnerisch zahlt es sich in zwei Dritteln aller Fälle aus, im Mai auszusteigen und im Herbst wieder in den Markt zu gehen. Das heißt aber auch, dass Anleger in einem Drittel der Fälle mit dieser Strategie falsch liegen. Sie sollten Ihre Anlageentscheidungen generell nicht einfach an Monatsnamen festmachen.

Für ein Investment ist nicht die Jahreszeit entscheidend, sondern der Wert der Anlage im Vergleich zu dem Preis, den wir dafür an der Börse bezahlen müssen. Schauen Sie also nicht auf den Kalender, sondern lieber in die Bilanz eines Unternehmens, das Sie interessiert. Ist es unterbewertet, hat aber gute Chancen? Dann steigen Sie ein, egal ob Mai oder September auf der Datumsanzeige ihres Smartphones steht.

Natürlich kann ich dieser Börsenweisheit ihre Wirkung nicht gänzlich absprechen. Sie ist auch eine Art selbst erfüllende Prophezeiung – jedoch hauptsächlich darin begründet, dass diese Weisheit immer pünktlich zu den Stichtagen auf dem Börsenparkett zitiert wird. Zu beurteilen, ob diese Börsenregel noch wirksam und gültig ist, ist schwierig – und eigentlich auch immer nur rückblickend möglich.

Die Herbst- und Wintermonate mögen historisch betrachtet wirklich die stärkeren Monate sein, die Sommermonate sind deutlich schwächer. Aber das ist eben nicht jedes Jahr so. Im Jahr 2012 hat der DAX von Mai bis Mitte September um 25 Prozent zugelegt. Solche Anstiege wollen Sie doch nicht verpassen, oder?

Wer an die Mai-Weisheit glaubt, sollte eines beachten: Wer versucht, bestimmte, vermeintlich richtige Zeitpunkte abzupassen, setzt nicht nur seine Rendite aufs Spiel, sondern verursacht Kosten, die mögliche Gewinne wieder aufzehren. Schließlich lautet eine andere, unumstrittene Weisheit: Hin und Her macht Taschen leer. Nicht die kurzfristige, sondern die langfristige Entwicklung der Kurse ist entscheidend.

# 15

# Spekulieren ist kein Spiel mehr, es ist eine Maßnahme zum Schutz des Vermögens.

Es ist ein Dilemma: Mit sicheren Zinseinlagen ist nicht mehr viel zu holen. Die Zinsen, die wir für unser Geld auf dem Sparbuch, dem Tages- oder Festgeldkonto bekommen, machen kaum mehr die Inflation wett. Meistens liegen sie sogar noch unter der Teuerungsrate. Anleihen von Staaten mit guter Bonität oder erstklassiger Unternehmen bringen noch weniger. Wenn Sie eine lukrative Anlage mit Renditen von vier, fünf oder mehr Prozent suchen, um auch nach Inflation, Spekulationssteuer und Gebühren noch Geld zu verdienen, müssen Sie höhere Risiken eingehen. „Spekulieren ist kein Spiel mehr, es ist eine Maßnahme zum Schutz des Vermögens", sagte schon Börsenaltmeister André Kostolany.

Spekulieren? Zugegeben, dieses Wort hat einen negativen Beigeschmack. Viele Menschen setzen es mit Zocken gleich. Und Zocken ist natürlich keine Maßnahme zum Schutz des Vermögens, im Gegenteil: Waghalsige Spekulanten gehen riskante Wetten ein und versuchen, kurzfristige Gewinne zu erzielen, indem sie aktuelle Marktbewegungen ausnutzen. Nicht selten geht das schief. Denn wir alle wissen, dass es bei Wetten mindestens einen Verlierer gibt. Wer heiße Wetten an den Finanzmärkten abschließt, setzt sein Geld damit schutzlos einem kaum kontrollierbaren Risiko aus.

Der legendäre Benjamin Graham, bekannt als Gründer des werthaltigen Investierens – Value-Investing genannt – und Lehrmeister von Warren Buffett, pflegte zwischen „Investment" und „Spekulation" zu unterscheiden. Spekulation sei nichts weiter als Zockerei, Investieren hingegen sei systematisches Arbeiten, systematische Analyse und Bewertung von Investitionschancen. Das ist wohl auch die heute gängige Interpretation. Wenn wir von Spekulanten lesen, denken wir an hohes Risiko, drohende Verluste, halbseidene Geschäfte, im schlimmsten Fall vielleicht sogar an Kursmanipulationen.

Doch Kostolany hatte eine andere Definition im Sinn. Für ihn war ein Investment, also eine Geldanlage, immer auch die Spekulation auf eine bestimmte Kursentwicklung. Auch der Duden definiert Spekulation als „auf Mutmaßungen beruhende Erwartung". Spekulieren heißt also letztlich nichts weiter, als dass wir auf Basis bestimmter Erwartungen im einfachen Sinne des Wortes berechnend handeln. Wenn es danach geht, bin ich gerne Spekulantin. Schließlich investiere ich in der Überzeugung, dass eine Aktie mir Kursgewinne und regelmäßige Dividenden einbringt und eine Anleihe mir regelmäßige Zinszahlungen garantiert.

Letzteres ist allerdings mittlerweile ein großes Problem. In einer Welt, in der die Zinsen fürs Ersparte praktisch abgeschafft sind, müssen wir höhere Risiken eingehen, um nicht unter dem Strich sogar Geld zu verlieren. Und deshalb stimmt Kostolanys Ausspruch heute mehr denn je: Spekulieren – im Sinne von Geld sinnvoll anlegen – ist eine Maßnahme zum Schutz des Vermögens. Wer sein Geld einfach nur auf dem Konto rumliegen lässt, sieht tatenlos zu, wie es an Wert verliert. Das Perfide daran ist, dass die Leute es zunächst nicht merken. Denn nominal – in nackten Zahlen auf dem Papier – werden die Vermögen nicht kleiner. Anleger unterliegen daher oft einer Wohlstandsillusion. Erst in vielen Jahren werden sie merken, dass sie sich von ihrem Ersparten längst nicht mehr so viel kaufen können wie gedacht.

Das liegt sicher auch daran, dass die meisten Anleger die Höhe ihrer Zinserträge nicht richtig einschätzen können. Fast die Hälfte hat in einer Umfrage der Fondsgesellschaft Union Investment geschätzt, Sparkonten oder Sparbücher würden eine Verzinsung von einem bis drei Prozent bringen. An eine Verzinsung von drei Prozent und mehr glauben immerhin noch drei Prozent. Doch diese Zeiten sind längst vorbei. Im Schnitt werden Spareinlagen mit deutlich unter einem Prozent verzinst.

Schuld an der Misere ist die aktuelle Politik der weltweiten Notenbanken. Zumindest diejenigen unter ihnen, die Währungsräume mit Konjunktursorgen verwalten, müssen billiges Geld anbieten und die Zinsen tief halten. Im Mai 2013 hat die Europäische Zentralbank den Leitzins auf das bis dato niedrigste Niveau seit der Euro-Einführung gesenkt: auf mickrige 0,5 Prozent. Mit ihrer Niedrigzinspolitik will die EZB den europäischen Krisenländern die einmalige Chance geben, sich zu reformieren. Das ist natürlich in Zeiten niedriger Zinsen viel einfacher als in Phasen hoher Refinanzierungskosten.

## Niedrigzins bedroht das Vermögen

Die Sparer allerdings sind die größten Verlierer der Politik des billigen Geldes. Seit die Notenbanken rund um den Globus mit niedrigen Leitzinsen versuchen, Finanzmärkte und Volkswirtschaften zu retten, sinken auch die Zinsen für den normalen Sparer. Gleichzeitig steigt die Inflation sanft an – die ja bekanntlich misst, wie sich die Preise verändern, also wie viel teurer unser Leben von Monat zu Monat wird. Das Dilemma für Anleger: Liegt der Zins für das Ersparte unter der Inflationsrate, wird ein Teil des auf dem Konto liegenden Vermögens von der Geldentwertung aufgefressen. Experten haben ausgerechnet, dass jeder Deutsche in 70 Jahren die Hälfte seines Vermögens verloren hat, wenn die Entwicklung so weitergeht.

Klingt schlimm, aber die wenigsten Deutschen handeln. Sie sparen fleißig weiter auf Sparbuch und Festgeldkonto. Die Sparquote ist hierzulande mit elf Prozent extrem hoch – und das schon seit Jahren. Das Geldvermögen, das die Deutschen insgesamt auf der hohen Kante haben, ist seit 2007 von 4,3 auf 4,9 Billionen Euro angestiegen, also um 13 Prozent. Inflationsbereinigt sieht das allerdings ganz anders aus: Da steht dann ein mickriges Plus von nicht einmal drei Prozent.

Doch solche Fakten ignoriert der deutsche Sparer. Er legt seit Jahren von jedem Euro elf Cent zurück. Getreu dem Motto der schwäbischen Hausfrau – spare in guten Zeiten, dann hast du in der Not – schaufelt er sein sauer verdientes Geld in niedrig verzinste Anlageformen. Während andere Nationen auf Pump konsumieren, was das Zeug hält, horten wir Deutschen lieber unser Geld. Wir legen es zurück für schlechte Zeiten oder für das Alter, schließlich wollen wir auch dann noch ein paar Euro auf der hohen Kante haben. Unsere Eltern und Großeltern wurden und werden so zu gut situierten und – wenn wir Glück haben – spendablen Rentnern. Sie konnten sich aber auch darauf verlassen, dass ihr Erspartes an Wert zunimmt. Doch diese Zeiten sind vorbei.

Wir erleben das Ende einer Epoche, in der sich Anleger darauf verlassen konnten, dass sie ihr Vermögen mit festverzinslichen Wertpapieren und einem Sparbuch zuverlässig mehren konnten. Angebrochen ist die Ära der Niedrigzinsen, die nicht einmal ausreichen, um den allgemeinen Preisanstieg auszugleichen. Die sogenannte finanzielle Repression trifft die konservativen Sparer unter uns besonders hart. Dieser Fachbegriff war bis vor Kurzem wohl nur Ökonomie-Professoren und Chefvolkswirten bekannt. In der Eurokrise aber hat er eine Blitzkarriere gemacht. Für Staaten hat die finanzielle Repression übrigens einen Vorteil: Sie können relativ leicht Schulden abbauen. Ist das Geld weniger wert, sind auch die Schulden weniger wert.

Die finanzielle Repression ist natürlich kein deutsches Phänomen, aber deutsche Privatanleger sind von ihr besonders stark betroffen. Sie haben sich in den vergangenen Jahren am Aktienmarkt zurückgehalten und kaum verschuldet: Einem Vermögen von 8.500 Milliarden Euro in Spareinlagen, Wertpapieren und Immobilien stehen lediglich 1.500 Milliarden an Kreditverbindlichkeiten gegenüber.

In den vergangenen Jahrzehnten mag diese risikoaverse Strategie aufgegangen sein: Das Geldvermögen der privaten Haushalte ist in der vergangenen Dekade durch Einkommenszuwächse und konservative Anlagepolitik und trotz zweier Börsencrashs um durchschnittlich drei Prozent pro Jahr gestiegen.

Doch in der Niedrigzinsphase, die aller Voraussicht nach noch einige Jahre andauern wird, geht diese Strategie nicht mehr auf. Damit zeigt sich die Kehrseite der vermeintlichen Vernunft der Sparer: Denn vier Fünftel des Betrags stecken in Anlageformen, die unmittelbar vom niedrigen Zinsniveau betroffen sind. Für viele dieser Anlageformen ist der Realzins mittlerweile negativ. Der Realzins ist so etwas wie der Nettozins. Ganz im Gegensatz zum Nominalzins, dem Bruttozins. Ziehen wir davon die Inflationsrate ab, kommen wir auf den Realzins. Für uns Anleger ist er die entscheidende Größe.

Wer sein Geld auf das Tagesgeldkonto legt, bekommt im Schnitt weniger als ein Prozent Zinsen. Ein Trauerspiel. Wer nun denkt, Festgeld sei die Lösung, der irrt. Die Zinssätze für drei, sechs oder zwölf Monate sind sogar noch ein bisschen niedriger. Zweijährige Sparbriefe werfen auch kaum ein Prozent ab, bei der fünfjährigen Variante sind es fast 1,5 Prozent. Wer sich für zehn Jahre bindet, schafft es immerhin knapp über die Zwei-Prozent-Hürde und gleicht damit die Inflationsrate gerade so aus. Wenig tröstlich angesichts der langen Laufzeit.

## Das Sparbuch ist nicht mehr sicher

Ein ähnliches Trauerspiel erleben diejenigen, die auf das gute alte Sparbuch vertrauen – immerhin die liebste Anlageform der Deutschen. Schließlich gilt es als sicher, und Sicherheit schätzen wir bei der Geldanlage sehr. Sicher ist das Sparbuch aber eigentlich schon lange nicht mehr. Natürlich ist das Geld, das dort liegt, „geschützt", es kommt also nichts weg. Die Einlagensicherung garantiert unser Erspartes, auch wenn die Bank pleitegeht. Kursverluste wie bei Aktien oder Anleihen sind ebenfalls ausgeschlossen. Doch angesichts von Mini-Zinsen wird das Ersparte auch hier real immer weniger. So viel zum Thema Sicherheit.

Mir geht es wahrscheinlich wie vielen: Ich verzweifele regelmäßig beim Blick auf mein Tagesgeldkonto. Der Zinssatz liegt unter einem Prozent und damit eigentlich auch unter meiner persönlichen Schmerzgrenze. Natürlich gibt es Anbieter, die bessere Konditionen bieten, aber für einen kleinen Aufschlag ein neues Konto bei einer anderen Bank eröffnen? Dafür lohnt sich der Aufwand eigentlich nicht. Es mag auf den ersten Blick verlockend aussehen, wenn die Bank um die Ecke immerhin 1,1 Prozent Zinsen bietet, während die eigene Bank nur 0,9 Prozent zahlt. Aber rechnen Sie mal nach! 0,2 Prozentpunkte mehr, das heißt, dass Sie pro 1.000 Euro zwei Euro mehr bekommen würden. Im Jahr, wohlgemerkt. Wenn Sie also keine deutlich fünf- oder gar sechsstelligen Beträge auf Ihrem Konto liegen haben, brauchen sie über einen Wechsel nicht nachzudenken.

Ich persönlich parke auf dem Tagesgeldkonto nur eine Art Notgroschen – für Urlaube, die neuen Winterreifen oder die unvorhergesehene Waschmaschinenreparatur –, deshalb bleibt mir nichts anderes übrig, als den Mini-Zins zu ertragen. Allerdings überweise ich jeden Monat einen festen Betrag auf das Tagesgeldkonto, wenn mein Gehalt eingegangen ist. Dadurch wächst der Kontostand ab und zu über den Notgroschen hinaus. Doch was tun, wenn Geld angelegt werden soll, am besten noch halbwegs sicher? Zinsanlagen fallen mittlerweile mehr oder weniger aus.

Anleihen von Staaten mit guter bis sehr guter Bonität sind längst keine lukrative Anlage mehr. Wer dem Bund im Sommer 2013 für zehn Jahre Geld geliehen hat, bekommt lediglich knapp 1,3 Prozent

Zinsen im Jahr garantiert. Bei anderen Staatsanleihen sieht es kaum besser aus. Die schlechte Nachricht: Besserung ist nicht in Sicht. Uns blühen auch in den kommenden Jahren niedrige Zinsen, auch wenn die Zinsen für langjährige Anleihen vielleicht wieder auf drei Prozent steigen.

Angesichts der aktuellen Lage an den Anleihemärkten kann das Geld eigentlich getrost auf dem Tagesgeldkonto liegen bleiben. Wer allerdings auf Krisenländer wie Italien oder Spanien setzt, kassiert deutlich höhere Renditen. Aber dann ist eben auch das Risiko höher.

Eine Alternative waren lange Zeit Unternehmensanleihen. Doch deren Kurse sind mittlerweile so stark gestiegen, dass die jährlichen Renditen zusammengeschmolzen sind wie Eis in der Sonne. Daimler hat im Jahr 2009 einen Bond mit einem Kupon, also einer garantierten Zinszahlung, von knapp acht Prozent auf den Markt gebracht. Der Kurs stieg schnell, im Sommer 2013 lag die jährliche Rendite gerade noch bei 0,5 Prozent. Das lockt keinen Sparer hinter dem Ofen hervor. Bei Anleihen, die später auf den Markt kamen, sind die Kupons extrem mickrig. Der Konsumkonzern Nestlé beispielsweise hat 2012 eine vierjährige Anleihe mit einem Kupon von gerade mal 0,75 Prozent herausgegeben. Die Papiere wurden dem Unternehmen aus den Händen gerissen. So weit ist es mit dem Anlagenotstand schon gekommen.

Wie bei Staatsanleihen gilt auch bei Unternehmensanleihen: Wer eine Rendite von drei, vier oder sogar mehr Prozent möchte, muss auf Emittenten mit schwächerer Bonität setzen. Damit steigt natürlich auch das Ausfallrisiko. Eine Alternative sind Unternehmensanleihen, die in Fremdwährungen notieren. Die bieten oft höhere Zinskupons, allerdings muss sich der Anleger des Währungsrisikos bewusst sein. Laufen die Wechselkurse gegen ihn, verbucht er automatisch Verluste. Allerdings kann die Fremdwährung auch eine

Mehrrendite bringen, wenn sich die Devisenkurse entsprechend entwickeln.

## Anleger sitzen in der Niedrigzinsfalle

Anleger, die auf Sicherheit und regelmäßige Zinszahlungen setzen, haben es derzeit nicht leicht. Viele erkennen das spätestens, wenn Geld fällig wird und sie es neu anlegen müssen. Sie sitzen in der Niedrigzinsfalle. Die finanzielle Repression ist nun als Schreckgespenst zwar in aller Munde, aber viele Sparer ertragen das geradezu stoisch. Würden sie nur endlich handeln!

Für Menschen, die sich um ihr Erspartes sorgen – und ich hoffe, Sie gehören wie ich dazu –, gilt: Wir müssen auf Investments ausweichen, die unser Vermögen besser vor der Entwertung schützen und im Idealfall auch noch eine ordentliche Rendite abwerfen. Ich bin überzeugte Aktionärin, deshalb setze ich vor allem auf solide Aktien mit stabilen Dividenden. Die Erfahrung der vergangenen Jahrzehnte lehrt uns, dass Kursgewinne der Aktien, die ihren Börsenerfolg aus dauerhaften Werttreibern wie Umsatzwachstum oder Dividenden ziehen und die noch nicht zu hoch bewertet sind, nachhaltiger sind. Solche Papiere werden von immer mehr Anlegern als das erkannt, was sie sind: eine wertstabile Anlage mit inhärentem Inflationsschutz. Natürlich mische ich auch andere Anlageklassen bei, also auch Anleihen. Dabei bin ich auch bereit, ein erhöhtes Risiko zu tragen, und setze nicht mehr nur auf Emittenten mit Top-Bonität. Aktien sind aber meine erste Wahl.

Anleger müssen umdenken, um im Niedrigzinsumfeld nicht mit Sicherheit abzüglich der Inflation Geld zu verlieren. Überprüfen Sie deshalb Ihre bisherige Risiko-Einschätzung und überdenken Sie das Verhältnis von Sicherheit und Rendite neu. Galten europäische Staatsanleihen bisher als sicher, waren Sie in der Krise am untersten

Ende des Risikospektrums einzuordnen, Ausfälle waren nicht mehr auszuschließen. Seit Spätsommer 2012 sorgt zwar die Ankündigung von EZB-Präsident Mario Draghi, den Euro um jeden Preis zu retten und notfalls Anleihen in unbegrenztem Volumen zu kaufen, für neues Vertrauen und damit neue Sicherheit. Aber wer weiß schon, was passiert, wenn mehrere Eurostaaten kippen? Ich glaube zwar nicht, dass es so weit kommt, aber Staatsanleihen sind heute deutlich riskanter als noch vor mehreren Jahren.

Sind Aktien solider Unternehmen mit hoher Dividendenrendite also die besseren Anleihen? Wenn wir uns Konzerne wie den Schweizer Konsumgüterriesen Nestlé anschauen, dann ist es so. Den Mini-Renditen steht im Sommer 2012 eine Dividendenrendite von 3,4 Prozent gegenüber. Kursgewinne sind möglich, Verluste aber auch. Die Dividendenrendite ist natürlich auch eine Art Puffer für mögliche Verluste. Ich würde die Aktie wählen und nicht die Anleihe.

Natürlich sind die Aktienmärkte bereits gut gelaufen und haben die wirtschaftliche Erholung einmal mehr vorweggenommen. Auf Aktien wirken sich niedrige Zinsen in der Regel positiv aus, eben weil andere Anlageklassen kaum Rendite abwerfen. Auch Immobilienbesitzer reiben sich die Hände: Wer Immobilien in Städten wie Hamburg, Stuttgart, München Frankfurt oder Düsseldorf gekauft hat, freut sich über stattliche Wertsteigerungen. Mittlerweile haben die Preise allerdings derart angezogen, dass sich ein Investment oft kaum noch lohnt. Trotzdem investieren die Deutschen munter weiter.

Immobilien sind zwar nicht so sicher wie festverzinsliche Anlagen, aber deutlich sicherer als Aktien. Das zumindest denken viele Deutsche. In bevorzugten Wohnlagen der Metropolen wird deshalb der Wohnraum knapp. Allein 2012 zogen die Preise für Eigentumswohnungen in den sieben größten deutschen Städten laut Bundesbank um elf Prozent an. Ein Ende des Trends ist nicht in Sicht. Der

Immobilienmarkt dürfte sich in den kommenden Jahren vor allem wegen der niedrigen Zinsen weiter beleben.

## Nur jeder achte Deutsche ist Aktionär

Die Vorlieben der Deutschen lassen sich wunderbar in den Statistiken der Bundesbank nachlesen. So hat nur jeder Achte direkt oder indirekt Aktien im Portfolio, von Rohstoffen ganz zu schweigen. Eine eigene Immobilie, eine Lebensversicherung und ein Sparkonto – das war's meistens. Aber ausgerechnet Lebensversicherungen und Sparvermögen sind von dem aktuellen Zinstief besonders betroffen.

Zum Glück wählen immer mehr Anleger den Weg zurück an die Börse. Die Zahl der direkten Aktionäre ist zuletzt um 250.000 auf insgesamt 3,9 Millionen gestiegen. Im Jahr 2000 waren es zwar schon mal sechs Millionen, aber das waren die Zeiten des Neuen Marktes. Die Börse wurde von viel zu vielen Menschen als Kasino missverstanden. Nach dem unvermeidbaren Platzen der Internetblase folgte eine weitreichende Abstinenz. Mancher Anleger, ich hoffe, auch Sie, ist an die Börse zurückgekehrt. Knapp vier Millionen Aktienbesitzer gibt es heute also in Deutschland. Aber eben auch 94 Millionen Lebensversicherungen – und die leiden unter der Niedrigzinsphase besonders. Keine vier Prozent ihres Vermögens haben die Bundesbürger in Aktien angelegt, in Lebensversicherungen steckt mehr als das Vierfache.

Dabei garantieren Lebensversicherungen nur noch 1,75 Prozent auf den Sparbeitrag. Weil die Versicherer aus früheren Zeiten noch besser verzinste Anlagen besitzen, kann die Branche noch immer drei bis vier Prozent Gesamtverzinsung in Aussicht stellen. Dass der Auszahlungsbetrag eines Vertrags, der über 20 Jahren läuft, seit 2001 um fast ein Drittel gesunken ist, nehmen die Kunden in Kauf. Die Zukunft sieht wohl weniger rosig aus.

Wir müssen also handeln. Dummerweise sind die Deutschen bei der Geldanlage aber extrem risikoscheu. Einer Umfrage der Gesellschaft für Konsumforschung (GfK) zufolge können sich 91 Prozent der Deutschen überhaupt nicht oder eher nicht vorstellen, bei künftigen Geldanlagen ein höheres Risiko einzugehen, um eine höhere Rendite zu bekommen. Nur neun Prozent würden ein solches Risiko eingehen. Wer sein Geld mehren will, muss seine Investitionen überdenken. Die Erkenntnis, dass Staatsanleihen von Industrieländern ihren Nimbus als sichere Häfen verloren haben, ist ein wichtiger Wendepunkt. Wer die logische Konsequenz daraus zieht und auf diese vermeintliche Sicherheit nicht mehr spekuliert, gewichtet gut geführte Unternehmen stärker als Staatsanleihen und innerhalb der Staatsanleihen wählt er die der kaum verschuldeten Wachstumsländer. Diesen Tipp hat mir ein Fondsmanager gegeben, und ich bin überzeugt, dass er recht hat. Denn die Regierungen der schnell wachsenden Volkswirtschaften haben genau das getan, was die europäischen Länder und Amerika versäumt haben: ihren Schuldenberg abgetragen.

Der Nullzinsfalle entkommen wir vor allem mit Aktien, also jener Anlageklasse, die die Deutschen leider noch immer meiden. Sie haben Angst vor großen Schwankungen. Diese Scheu ist nicht verwunderlich, denn die Aktienanlage kann ganz schön nervenaufreibend sein. Schließlich ist der DAX allein seit dem Jahrtausendwechsel zweimal um gut 50 Prozent eingebrochen. Viele von uns haben das schmerzhaft miterlebt und der Börse den Rücken gekehrt. Doch das ist ein Fehler, nicht nur in Zeiten von Niedrigzinsen.

Hohe Kursschwankungen sollten uns nicht davon abhalten, in Aktien zu investieren. Denn wir haben eine wirksame Waffe gegen Börsenturbulenzen: die Zeit. Der größte Teil der Lösung des Volatilitätsproblems – Volatilität nennen Börsianer die Schwankungen

– liegt darin, möglichst lange durchzuhalten. Wer über Jahre an der Börse bleibt, verringert sein Risiko deutlich.

Auch wenn sich die großen Abstürze in unser Gedächtnis gebrannt haben, sind sie viel seltener, als wir glauben. Als im Jahr 2000 die Internetblase platzte und meine Gewinne zusammenschrumpften wie ein Luftballon, aus dem die Luft entweicht, war das natürlich schmerzhaft. Auch 2008 hat mich zwischenzeitlich die Panik befallen. Wie schlimm wird es? Wann erholen sich die Kurse? Tun sie es überhaupt? Natürlich. Auch wenn sich nicht alle Aktien im Gleichschritt erholen, sind extreme Abstürze doch zeitlich begrenzt. Wer Zeit hat, kann das aussitzen.

## Viel mehr gute als schlechte Börsenjahre

Seit 1949 endeten von 63 Börsenjahren in Deutschland nur 16 mit Verlust. Allein schon deshalb ist die Wahrscheinlichkeit kleiner, sich mit Aktien die Finger zu verbrennen. Je länger Sie investiert sind, desto größer die Chance, gute Jahre zu erwischen. Schon wenn Sie fünf Jahre durchhielten, gab es seit 1949 nur noch neun Verlustphasen, die Sie hätten erwischen können. Dem stehen 49 Perioden gegenüber, nach denen Sie Ihre Aktien mit teils satten Gewinnen verkauft hätten. Bei zehn Jahren Haltedauer sind es nur noch drei Verlustphasen, die schlechteste 1960 bis 1970 mit einem Minus von 1,8 Prozent. Hätten Sie Ihre Aktien aber 15 Jahre oder länger gehalten, hätte es keine Periode mehr mit negativem Ergebnis gegeben. Übrigens ein weiterer Beweis dafür, dass Kostolanys Schlaftabletten auch heute noch wirken.

Ein anderes Argument, das Sparer gerne gegen Aktien anführen, ist, dass sich die Erträge nur schlecht planen lassen. Während Sie bei Festgeld oder Sparbuch genau wissen, mit welchen Zinszahlungen Sie rechnen können – vorausgesetzt, der Zinssatz verändert sich nicht –, ist das bei Aktien eben etwas anders. Wer aber wie ich vor allem auf eher konservative Titel mit hoher Dividendenrendite setzt, muss auf jährliche Zahlungen, wie sie Zinsanlagen bieten, nicht verzichten. Die Ausschüttungen sind diesseits und jenseits des Atlantiks zuletzt wieder mächtig angestiegen. Die Unternehmen aus DAX, MDAX und SDAX haben im Jahr 2013 mehr als 30 Milliarden Euro an ihre Aktionäre überwiesen – ein neuer Rekord. Das hat einen Grund: Während Staaten unter Schuldenlasten ächzen und das Wachstum der Wirtschaft eher schwach bleibt, sitzen viele Unternehmen auf Bergen von Bargeld.

Allein die 500 größten börsennotierten US-Firmen halten zusammen rund 2.700 Milliarden Dollar Netto-Cash, also Barmittel abzüglich Finanzschulden. Es bestehen gute Chancen, dass die Firmen einen Großteil davon an ihre Anteilseigner ausschütten. Gerade in den USA gibt es noch viel Spielraum für Dividendenerhöhungen, sind Experten überzeugt. Denn institutionelle Anleger wie Fonds und Pensionskassen, die mit ihren auf Zinsprodukte ausgelegten Portfolios immer weniger Rendite erzielen, erhöhen den Druck auf die Unternehmen, höhere Dividenden zu zahlen. Die durchschnittliche Ausschüttungsquote, also der Teil des Nettogewinns, den Unternehmen an Dividende auszahlen, lag zuletzt bei rund zwölf Prozent. Anfang der 1990er-Jahre schütteten die 500 größten US-Unternehmen 28 Prozent ihrer Nettogewinne an Aktionäre aus.

## Dividendentitel bringen mehr als Anleihen

Da ist noch einige Luft nach oben. Das Argument, Aktien würden keine planbaren Erträge liefern, sollte damit zumindest halbwegs entkräftet sein. Zumal die Dividendenrenditen solventer Unternehmen heute oft höher liegen als die Renditen ihrer ausstehenden Anleihen. Nestlé ist da kein Einzelfall.

Anleger müssen aber nicht nur ihre Anlageklassen überdenken. Auch die regionalen Schwerpunkte in den Portfolios müssen sich verschieben. Bislang sind deutsche Portfolios laut Internationalem Währungsfonds (IWF) nur zu sechs Prozent in Aktien aus Asien und anderen aufstrebenden Schwellenländern investiert, der heimische Aktienmarkt ist überrepräsentiert – Stichwort „Home Bias". Doch um die neuen Kräfteverhältnisse der Weltwirtschaft im Portfolio abzubilden und ausreichend Rendite für einen langfristigen Vermögensaufbau zu erzielen, sollte der Anteil von Aktien aus Asien und den Emerging Markets je nach Risikoneigung deutlich höher gewichtet werden.

Nach den Börsenturbulenzen der vergangenen Krisenjahre ist für viele Anleger aber Sicherheit Trumpf. Es wundert nicht, dass viele Investoren der Börse nach dieser Berg- und Talfahrt endgültig den Rücken gekehrt haben. Aber ohne die acht Prozent Rendite, die Aktien durchschnittlich in der Vergangenheit pro Jahr einbrachten, wird es schwierig, nennenswerte Vermögenszuwächse zu erzielen.

Es bleibt uns nichts anders übrig, als auf die gute Börsenentwicklung zu „spekulieren", um unser Vermögen zu schützen. Kostolany hatte also recht. Und ein Spiel sollte Spekulieren sowieso nie sein, auch wenn ich manchmal von meinem „Spielgeld" rede. Damit meine ich den kleinen Teil meines Anlagekapitals, mit dem ich bewusst höhere Risiken eingehe. Wenn es gut läuft, kann ich damit meine durchschnittliche Rendite erhöhen, läuft es schlecht, kann ich den Verlust ertragen.

# 16

Beim Kauf einer Aktie muss man Fantasie haben, beim Verkauf Weisheit.

Die Börsenstars von morgen zu identifizieren und sie dann, wenn die Kurse heiß gelaufen sind, rechtzeitig wieder aus dem Depot zu werfen, das ist die große Kunst der Geldanlage. „Beim Kauf einer Aktie muss man Fantasie haben, beim Verkauf Weisheit", lautet eine alte Börsenweisheit. Doch die wenigsten Anleger – ob nun private oder professionelle – sind fantasievoll und weise. Trotzdem können Experten der Regel einiges abgewinnen.

Beispiele, dass die richtige Eingebung reich machen kann, gibt es viele. Wer vor vielen Jahren die Fantasie hatte, beispielsweise das Wachstumspotenzial von Apple zu erkennen, brauchte den zweiten Teil der Börsenweisheit nicht weiter zu bedenken – auch wenn die Apple-Aktie einige Rückschläge einstecken musste, stimmt die langfristige Bilanz. Halten, sogar Nachkaufen galt lange Zeit als Devise. Aus dem einst krisengeplagten Konzern ist ein Kult-Unternehmen geworden. Die Produkte mit dem „ i" im Namen sind angesagt. Ob nun iPhone, iPad oder iPod – die Nachfrage ist enorm. Wer früh erkannt hat, dass die Strategie des mittlerweile verstorbenen Apple-Chefs Steve Jobs aufgeht, hat satte Gewinne eingefahren. Vor zehn Jahren stand der Kurs unter zehn Euro, im Sommer 2012 bei mehr als 500. Selbst nach dem zwischenzeitlichen, recht heftigen Rücksetzer auf 300 Euro ist klar: Wer vor Jahren einstieg, hatte den richtigen Riecher. Wer damals Fantasie bewiesen hat, wurde belohnt.

Schon André Kostolany sagte einst: „An der Börse muss man Mut zum Einstieg haben und Geduld mit dem Verkauf." Ob nun Mut oder Fantasie – das ist natürlich nur der erste Schritt des Kaufs. Doch diese Eigenschaften brauchen Sie, wenn Sie wie Value-Investoren nach Aktien Ausschau halten. Um antizyklisch zu investieren, braucht es einigen Mut. Value-Anleger kaufen schließlich, was keiner will oder was doch zumindest an der Börse „zurückgeblieben" ist. Es lohnt sich, nach solchen Papieren zu suchen – und dann antizyklisch zu investieren. Das beweisen erfolgreiche Investoren wie Warren Buffett.

Doch Fantasie und Mut reichen natürlich nicht aus. Bevor wir Geld in eine Aktie stecken, sollte noch etwas anderes dazukommen: die nüchterne Bewertung. Viele Privatanleger haben nämlich eine sehr große Fantasie, träumen von riesigen Gewinnen und rennen damit ins Unglück. Sie vergessen nämlich Schritt zwei, die nüchterne Analyse. Ohne sie wird aus Fantasie schnell Wahnsinn.

Vor dem Kauf sollten Sie sich einerseits intensiv mit der Aktie und dem dazugehörigen Unternehmen und seiner Wettbewerbssituation beschäftigen. Andererseits sollten Sie die aktuelle gesamtwirtschaftliche Marktsituation im Auge behalten. Bei der Betrachtung des Unternehmens spielen Kennzahlen wie Gewinn, Umsatz, Verschuldungsgrad oder Liquiditätskennzahlen eine wichtige Rolle. Ein Blick in die Analysteneinschätzung gibt einen Eindruck, wie die Experten das Unternehmen bewerten. Auch wenn es lästig ist, sollten Sie einen Blick in den Geschäftsbericht werfen und sich kundig machen. Zugegeben, das ist wenig unterhaltsam, auch ich drücke mich oft darum – ein Fehler.

Doch der Blick in die Bilanz allein reicht immer noch nicht aus: In welcher Branche erzielt das Unternehmen seine Umsätze und seine größten Erträge? Wie ist es gegenüber seinen Wettbewerbern aufgestellt? Erscheinen die Antworten auf diese Fragen und natürlich die Bilanz für ein Investment zu sprechen, ist noch einmal Fantasie gefragt. Denn dann geht es um die Wachstumsperspektiven, die Sie dem Konzern zutrauen, um Gewinnerwartungen und Managementqualität.

## Anleger brauchen ein gutes Gespür

Natürlich brauchen wir für die erfolgreiche Aktienauswahl mehr als nur Fantasie und Mut. Fantasie, das hört sich zugegebenermaßen auch ein bisschen nach Zockerei, nach riskanten Wetten an. Die Börsenweisheit meint aber etwas anderes: Die sehr zutreffende Grundaussage ist, dass wir bei der Aktienanlage das Gespür für das künftige Potenzial eines Unternehmens haben müssen, wenn wir auf Einzelwerte setzen. Wir müssen eine Idee haben, besser noch eine Strategie.

Leider fehlt den meisten Deutschen jegliche Fantasie, jeglicher Mut, wenn es um das Thema Börse geht. Sie haben Angst – Angst vor Kursschwankungen und vor Verlusten. „Die meisten Deutschen betrachten die Aktie in erster Linie als Spekulationsobjekt, mit dem man nur mit Cleverness, Zeitaufwand und geschicktem Timing, vor allem aber mit fleißigem Kaufen und Verkaufen Gewinne machen kann", weiß Vermögensverwalter und Kostolany-Freund Gottfried Heller. Das ist natürlich der völlig falsche Ansatz.

Fantasievoll und mutig zu sein heißt natürlich nicht, wild zu zocken, aber doch ein bisschen was zu riskieren. Ohne Risiko gibt es in Zeiten von Niedrigzinsen keine Rendite mehr. Es gilt also, wohlüberlegt und vor allem wohldosiert die Risiken zu wählen. Mut heißt vielleicht auch, Selbstentscheider zu werden, also nicht mehr blind dem Bankberater zu vertrauen. Zumindest aber zu hinterfragen, was er empfiehlt.

Mutig und fantasievoll zu sein, das kann heißen, inmitten einer Börsenhausse die Nachzügler einzusammeln. Das sind im Zweifelsfall die Verlierer der vergangenen Wochen oder Monate, an denen die Rallye völlig vorbeigegangen ist. Das sind vielleicht die Gewinner der kommenden Zeit. Fantasie brauchen wir also, um einen Trend aufzuspüren und eine richtige Strategie zu entwickeln. Und auch eine Strategie eisern durchzuhalten erfordert Mut. Denn manchmal laufen die Börsen gegen uns und die Zweifel werden immer größer.

Die Fantasie für den Aktienkauf zu entwickeln ist wohl der einfachere Teil der Börsenweisheit. Denn erfahrungsgemäß tun sich vor allem Privatanleger schwer, sich von ihren Aktien wieder zu trennen. Vor allem, wenn diese Verluste eingefahren haben. In der Hoffnung, die Papiere würden doch zumindest wieder ihren Einstiegskurs erreichen, halten wir Jahr für Jahr an den Nieten fest. Es ist natürlich möglich, dass sich ein Papier erholt, Kursrücksetzer sollten Sie deshalb auch aussitzen. Doch an Unternehmen mit überholtem Geschäftsmodell festzuhalten, oder gar an Pleitekandidaten, ist meistens falsch.

Etwas leichter fällt es uns, Gewinne mitzunehmen. Leider oft zu früh, denn eigentlich sollten wir Gewinne laufen lassen. Dass es Weisheit braucht, um zu verkaufen, klingt deshalb auch ein wenig nach Spielverderber. Wer steigt schon gerne zu früh aus? Auch wenn die Gefahr, weitere Gewinne zu verpassen, natürlich grundsätzlich immer besteht – denn wer kann die Entwicklung der Börsenkurse schon mit hundertprozentiger Treffsicherheit vorhersagen? –, sollten Anleger Verkäufe nicht kategorisch ausschließen. Richtig ist, dass Anleger auch einmal überlegen sollten, Gewinne durch einen Verkauf aus der virtuellen in die reale Welt zu überführen. Wer zum Beispiel klare Quoten für sein Depot festgelegt hat, passt das Depot regelmäßig daran an und nimmt so automatisch Gewinne mit. Nämlich dann, wenn beispielsweise der Aktienanteil über die festgelegten 50 Prozent gestiegen ist, weil die Börse so gut läuft. Selbst in diesem Fall ist es wahrscheinlich ungleich schwieriger zu verkaufen als zu kaufen – schließlich wollen wir dort stark investiert sein, wo die Musik spielt.

## Weise Anleger lassen sich nicht von Emotionen leiten

Sehr viel Erfahrung und Weisheit, gepaart mit guten Nerven, brauchen wir auch, um in Börsenturbulenzen nicht in Panik zu verfallen. Weisheit beim Verkaufen zu beweisen heißt eben auch, sich nicht von

Emotionen wie Angst oder Hysterie leiten zu lassen. Weise Anleger lassen sich – natürlich bei laufender Überprüfung der fundamentalen Daten – auch von größeren Schwankungen nicht beeinflussen. Stimmen die Fundamentaldaten nicht mehr oder ist das Unternehmen, in das wir investiert haben, in Schieflage geraten, kann es eine weise Entscheidung sein, zu verkaufen. Auch wenn wir so Verluste realisieren und eine Fehlentscheidung zugeben.

Doch solche Entscheidungen fallen uns nicht leicht. Deshalb ist es umso wichtiger, eine klare Strategie zu haben, die wir auch dann nicht über Bord werfen, wenn die Wogen an der Börse etwas höher schlagen. Wer langfristig anlegt, ist diesen Verwerfungen sowieso nicht wirklich ausgesetzt – wir sitzen sie aus. Bewahren Sie also die Ruhe, auch das hat mit Weisheit zu tun. Kostolany sagte einst: „Nur zehn Prozent der Anleger machen wirklich Geld." Denn die meisten Privaten, so die Erfahrung des Börsenaltmeisters, agieren an der Börse nicht wie vernünftige Geldanleger, sondern wie Spieler beim Roulette. Wer ständig kauft und verkauft, nur hinter den neuesten Tipps und Trends her hechelt, macht in der Regel nicht sich selbst, sondern über Spesen und Gebühren vor allem Banken und Broker reich – auch in Haussezeiten.

Kostolany hat übrigens einmal gesagt, man brauche die „vier G", um ein erfolgreicher Investor zu sein: Geld, Gedanken, Geduld und Glück. Ohne Geld läuft natürlich gar nichts, denn auf Kredit darf man keine Aktien kaufen. Gedanken, also Fantasie, braucht man, um einen Trend aufzuspüren und eine richtige Strategie zu entwickeln. Geduld braucht man, um diese Strategie auch gegen die Mehrheitsmeinung durchzuhalten – und das Glück gesellt sich dann dazu.

# 17

Das Verhältnis von Wirtschaft zur Börse ist wie das eines **Mannes** auf einem Spaziergang mit seinem **Hund.** Der Mann geht **stetig** voran, der Hund rennt **vor** und **zurück.**

Manchmal spielt die Börse verrückt. Schwache Quartalszahlen scheinen einfach so zu verpuffen. Anstatt dass der Aktienkurs sinkt, wenn eine Firma Millionen oder gar Milliarden verbrennt, greifen Börsianer munter zu. Der Kurs steigt und mit ihm der Wert des Unternehmens. Auch kommt es vor, dass erfolgreiche Firmen mit soliden Bilanzen an der Börse ein Schattendasein fristen oder sogar abgestraft werden. Ihr Aktienkurs kommt nicht vom Fleck, obwohl die Geschäfte blendend laufen. Fair ist das nicht, fair ist dann auch der Preis nicht, der für das Unternehmen am Kapitalmarkt gezahlt wird.

Auch bei Wirtschaftsdaten ist dieses Phänomen oft zu beobachten. Der Konjunkturmotor stottert, aber die Börsenkurse laufen heiß. Oder anders herum: Die Wirtschaft läuft blendend, aber die Börse setzt zur Korrektur nach unten an. Verkehrte Welt? Mitnichten. Der Aktienmarkt entwickelt sich in der Tat zeitversetzt prozyklisch. Denn an der Börse wird die Zukunft gehandelt, allenfalls noch die Gegenwart. Die Vergangenheit zählt nicht. Prognosen sind mehr wert als bereits Erreichtes. Hinzu kommt eine gehörige Portion Emotionen, die die Börsen beherrscht und zu scheinbar unlogischen Kursausschlägen und Bewertungen führen kann. Wachsen die Zweifel der Börsianer, dass sich eine exzellente Geschäftsentwicklung in Zukunft nicht wiederholen lässt, steigen sie aus. Hoffen sie aber auf eine deutliche Erholung der Bilanz in den kommenden Monaten, steigen sie ein – auch wenn das Unternehmen gerade erst katastrophale Zahlen vorgelegt hat.

Und so kommt es, dass das Börsengeschehen oft auf den ersten Blick nicht zur wirtschaftlichen Realität passt. Nicht umsonst lautet eine alte Börsenweisheit: „Das Verhältnis von Wirtschaft zur Börse ist wie das eines Mannes auf einem Spaziergang mit seinem Hund. Der Mann geht stetig voran, der Hund rennt vor und zurück.“ Diese weisen Worte stammen von Börsenaltmeister André Kostolany.

Ein sehr treffendes Bild, wie ich finde. Natürlich läuft die Börse der Wirtschaftsentwicklung oft voraus – und sie hängt oft hinterher. Im Gleichklang laufen sie eher selten. Die Entwicklung des DAX ist dafür ein hervorragendes Beispiel: Die deutschen Standardwerte sind drei Jahre nach dem Hoch im Jahr 2000 von mehr als 8.100 Punkten auf nur noch 2.200 Punkte abgestürzt. In den Jahren 2007 bis 2008 ging es wieder rauf bis auf 8.000, im Jahr 2009 folgte der Absturz auf 3.600 Punkte. Es folgte die nächste Rallye Richtung 8.000 und im Jahr 2010 der nächste empfindliche Rückschlag. Im Sommer 2013 stand der DAX wieder bei rund 8.400 Zählern. Das hat natürlich nur sehr bedingt etwas mit der Wirtschaftsentwicklung zu tun. Schließlich hat sich das Bruttoinlandsprodukt in den drei Jahren nach 2000 nicht geviertelt. Auch das Wirtschaftswachstum ist nicht völlig zusammengebrochen.

Etwas anderes war passiert: Die Börsenkurse waren viel zu weit vorausgelaufen. Im Jahr 2000 waren die deutschen Standardwerte – und nicht nur sie – völlig überbewertet, die Börsenrallye hatte zu Fantasiekursen geführt. Als diese Fantasie aus dem Markt wich, platzte die Blase. Im Sommer 2013 sieht das Bild ganz anders aus: Die Bewertungen sind sehr viel fairer, die Bilanzen der 30 im Index enthaltenen Unternehmen sind – mit einigen Ausnahmen – sehr viel solider. Oder um es mit Kostolany zu sagen: Die DAX-Konzerne sind auf ihrem Spaziergang weitergekommen.

Der Ausspruch des Börsenaltmeisters trifft nämlich nicht nur auf ganze Märkte zu, er gilt genauso für Einzelwerte. Die Weisheit meint auch, dass sich Börsenkurse einzelner Firmen von ihren Unternehmenswerten deutlich entfernen können. Preis und Wert laufen nicht immer synchron. An der Börse kann das Unternehmen sehr viel höher bewertet sein, also mehr kosten, als es die Bilanz eigentlich hergibt – und umgekehrt. Ausschlaggebend ist aber, dass am Ende der Herr und nicht der Hund entscheidet, wohin der Spaziergang geht. Der Herr, das ist eine Firma. Wenn ein Unternehmen erfolgreich ist, was letztlich an Profitabilität und Wachstum festzumachen ist, dann wird auch der Börsenkurs dies über kurz oder lang reflektieren. Es ist kein Zufall, dass SAP und Google so teuer sind. Für uns Anleger ist es entscheidend, erstens den Weg des Herrn, also des Unternehmens, einigermaßen richtig zu prognostizieren, und zweitens klarzustellen, dass wir an der Börse nicht zu viel bezahlen, wenn der Hund bereits zu weit vorangelaufen ist.

## Unternehmen kehren zu ihrer fairen Bewertung zurück

Value-Investoren wie Warren Buffett, aber auch deutsche Fondsmanager wie Christoph Bruns und Max Otte, suchen nach Aktien, die an der Börse günstiger zu haben sind, als es ihrem eigentlichen Wert entspricht. In diesem Fall läuft der Hund also dem Herrchen hinterher. Ist der Hund zu weit vorausgelaufen, ist das Unternehmen nicht mehr interessant. Value-Investoren würden sich nicht anmaßen, zu erkennen, wann der Hund gerade umkehrt. Aber sie sind überzeugt, dass der Hund immer wieder zu seinem Herrchen zurückkehren wird. Übersetzt heißt das: Die Börsenbewertung des Unternehmens kehrt zu ihrem fairen Wert zurück.

Doch wie können wir erkennen, ob ein Konzern an der Börse unter- oder überbewertet ist? Value-Investoren orientieren sich an Kennzahlen, die zeigen, ob der Hund weit vorausgeeilt oder zurückgeblieben ist. Eine Kennzahl ist das Kurs-Gewinn-Verhältnis (KGV), das uns zeigt, wie viel ein Unternehmen pro Anteilschein verdient. Das KGV lässt sich ganz einfach bestimmen, indem Sie den Aktienkurs durch den Gewinn pro Aktie teilen. Auf das gleiche Ergebnis kommen Sie, wenn Sie die Marktkapitalisierung des Unternehmens durch den Unternehmensgewinn dividieren. Sie müssen das KGV aber nicht selbst ermitteln, Sie finden es leicht auf allen Internetseiten, die Aktienkurse veröffentlichen.

Dort sehen Sie gleich mehrere Kurs-Gewinn-Verhältnisse. Zum einen das KGV für das abgelaufene Geschäftsjahr, das auf den tatsächlich vorliegenden Gewinnen basiert. Und zum anderen das KGV für die kommenden Jahre, das mithilfe von Gewinnschätzungen für die Zukunft berechnet wird. Geschätzte KGVs sind in der Regel mit einem „e“ – das steht für das englische Wort „estimated“, zu Deutsch „geschätzt“ – gekennzeichnet. Geschätzt wird aber nur der Gewinn, für die Berechnung des KGVs wird der aktuelle Börsenkurs verwendet.

Natürlich besteht immer die Gefahr, dass die Schätzungen revidiert werden. Analysten überprüfen ihre Gewinnschätzungen immer wieder und passen sie gegebenenfalls an. Und natürlich korrigieren auch die Unternehmen ihre Prognosen nach oben oder unten, wenn sich die Geschäfte anders entwickeln als ursprünglich angenommen. Je nach Internetplattform werden Sie auch leicht voneinander abweichende KGVs für die kommenden Jahre finden. Das liegt an der Datenbasis. Die Nachrichtenagentur Reuters befragt beispielsweise andere Analysten als der Börseninformationsdienst Bloomberg.

Doch wie müssen wir diese Kennzahl bewerten? Das KGV zeigt uns, wie viele Jahre ein Unternehmen braucht, um netto so viel zu verdienen, wie es an der Börse wert ist. Bei einem aktuellen KGV von 14 ist das Unternehmen an der Börse also das 14-Fache seines Jahresgewinns wert. Eine Faustregel hilft Ihnen, einzuschätzen, wann ein Konzern teuer und wann er günstig ist: Liegt das KGV unter 10, gilt die Aktie meistens als billig. Oft hat das aber einen Grund, etwa weil Anleger schrumpfende Gewinne in der Zukunft fürchten. Manchmal führt eine Aktie aber auch ein Schattendasein und wurde einfach noch nicht entdeckt. Nach solchen Werten suchen Value-Anleger.

Braucht die Firma dagegen rechnerisch 20 oder mehr Jahre, um ihren Aktienwert zu verdienen, gilt sie als teuer.

Doch das ist eben nur eine Faustregel: Unterschiedliche Branchen werden an der Börse auch unterschiedlich bewertet. Wichtig ist also auch der Vergleich mit den Wettbewerbern, um einzuschätzen, wie ein Konzern bewertet ist. Unternehmen wie der Nahrungsmittelkonzern Nestlé gelten zwar als teuer, liefern aber seit Jahren stetige Geschäftsgewinne, Dividenden und eine gute Kursentwicklung – dann ist „teuer" relativ.

Eine weitere wichtige und oft beachtete Kennzahl ist das Kurs-Buchwert-Verhältnis. Um diesen Wert zu errechnen, müssen Sie den Kurs der Aktie durch den anteiligen Buchwert dividieren oder aber die Börsenkapitalisierung durch den gesamten Buchwert – das Ergebnis ist dasselbe. Je niedriger das Kurs-Buchwert-Verhältnis, kurz KBV, desto preiswerter ist die Aktie. Ihr fairer Wert entspricht in etwa dem Buchwert, das KBV betrüge also eins. Auch diese Kennzahl müssen Sie natürlich nicht selbst berechnen, sondern finden Sie leicht im Internet.

Die Kunst an der Börse ist es, sich ein möglichst zutreffendes Bild über den Wert eines Unternehmens zu machen. Dazu bietet die Finanzanalyse noch sehr viel mehr Kennzahlen an als nur das Kurs-Gewinn-Verhältnis und das Kurs-Buchwert-Verhältnis. Value-Investoren achten natürlich auch auf die Verschuldung und die Bilanzqualität. Nur so finden sie echte Perlen, also unterbewertete Unternehmen. Dem Anleger kann nichts Besseres passieren, als einen stramm vorausmarschierenden Mann zu sichten, dessen Hund weit hinter ihm zurückgeblieben ist. Für Value-Investoren ist das das beste Kaufsignal, das es gibt.

Konjunkturindikatoren sind für diese Spezies übrigens weniger interessant. Doch viele Börsianer starren gebannt auf neueste Wirtschaftsdaten und vor allem auf Frühindikatoren, die ja im Grunde nichts anderes sind als Prognosen. Klassiker sind der Geschäftsklimaindex des Ifo-Instituts, die ZEW-Konjunkturerwartungen, der ISM-Index aus Amerika, Daten zum Verbrauchervertrauen oder Zahlen zur US-Industrieproduktion. Seit Ausbruch der Finanzkrise achten Investoren auch auf Daten rund um den US-Immobilienmarkt, von dem die Krise ausging. In Zeiten der Schuldenkrise sind außerdem monetäre Indikatoren wie die Kreditvergabe oder die Geldmengenentwicklung spannend für die Börse.

Deutsche Anleger schauen vor allem auf den Geschäftsklimaindex des Münchener Instituts für Wirtschaftsforschung, kurz Ifo-Index. Monat für Monat befragen die Wissenschaftler Firmen nach ihrer gegenwärtigen Geschäftslage und ihren Erwartungen für die kommenden sechs Monate. Damit ist der Index klar in die Zukunft gerichtet. Markante Tiefs des Ifo-Index sind in der Regel Auftakt für eine mehrjährige Börsen-Hausse, das haben Studien gezeigt. Der Ifo-Index ist also auch ein Kontraindikator. Fällt der Index unter 85 Punkte, ist es Zeit, Aktien zu kaufen. Klettert er allerdings auf ein Hoch, dann fallen die Börsenkurse. Langfristig orientierte Anleger müssen sich damit nicht beschäftigen. Wenn Sie allerdings kurz- bis mittelfristig agieren, dann ist der Ifo-Index ein wertvoller Frühindikator.

Etwas kritischer bewerten Experten den ZEW-Index. Er wird ebenfalls monatlich erhoben. An der Umfrage des Zentrums für Europäische Wirtschaftsforschung (ZEW) beteiligen sich aber ausschließlich Finanzexperten wie Analysten, Aktienhändler und Volkswirte. Die rund 400 Teilnehmer werden gefragt, welche Konjunktur- und Kapitalmarktentwicklung sie für die kommenden sechs Monate erwarten. Sind 40 Prozent der Umfrageteilnehmer der Meinung, die wirtschaftliche Lage wird sich verbessern, und 30 Prozent sind der Ansicht, sie wird sich verschlechtern, so ergibt sich ein Saldo für die Konjunkturerwartungen von plus zehn. Der Anteil derjenigen, die mit keiner Veränderung der Konjunktur rechnen, spielt keine Rolle. Hauptkritikpunkte an diesem Index: Er ist sehr viel schwankungsanfälliger als der Ifo-Index und kann durch die Tageslaune der Börsianer verzerrt werden. Das Barometer ist deshalb eher ein Gradmesser für die Stimmung als ein verlässlicher Konjunkturindikator.

Immer wieder für Kursausschläge sorgt auch der amerikanische Einkaufsmanagerindex. Der Index des Institute for Supply Management, kurz ISM-Index, misst Auftragseingänge, Produktion, Beschäftigung, Lieferfristen und Lagerbestand. Dazu werden Einkaufsleiter befragt. Das Barometer spiegelt die Stimmung der Unternehmen eins zu eins wider, sie können ihre jeweilige Situation als besser, gleich oder schlechter im Vergleich zum Vormonat beurteilen. Der Index gilt zwar als schwankungsfreudig, aber wird für seine hohe Zuverlässigkeit geschätzt.

Da rund zwei Drittel der US-Wirtschaftsleistung auf den privaten Konsum zurückzuführen sind, warten Anleger am letzten Dienstag des Monats besonders gespannt auf das US-Verbrauchervertrauen. Der Konsumklima-Index der Universität Michigan gilt als wichtiger Frühindikator für das Kaufverhalten der US-Bürger.

Die besten Frühindikatoren sind aber die Aktienmärkte selbst. An ihnen lässt sich sogar ablesen, wie sich die Konjunktur im Folgejahr entwickeln dürfte. Experten beobachten seit Jahrzehnten, dass die Börsen der Wirtschaftsentwicklung sechs bis zwölf Monate vorweglaufen. Seit 1960 ist das deutsche Bruttoinlandsprodukt in sechs Jahren geschrumpft, und zwar 1967, 1970, 1982, 1993, 2003 und 2009. Doch an der Börse herrschte keinesfalls Katerstimmung, ganz im Gegenteil. In keinem dieser Jahre ging es mit den deutschen Standardwerten abwärts. Sie legten sogar kräftig zu. Inmitten der Krise setzen Anleger schon wieder auf den nächsten Aufschwung. Und noch etwas ist bemerkenswert: Seit 1960 zog der DAX in 25 Jahren um mehr als zehn Prozent an. Keinem dieser Jahre folgte eines mit schrumpfender Wirtschaft. Der Hund lief also voraus. Der Vierbeiner ist ein guter Freund und verlässlicher Frühindikator.

Wenn Aktienmärkte und Wirtschaft harmonisch eng nebeneinander herlaufen – der Hund also bei Fuß geht –, ist das auch an einer niedrigen Korrelation zwischen einzelnen Aktien erkennbar. Sie entwickeln sich im Gleichschritt, der Aufschwung an den Märkten ist breit und wird nicht nur von einzelnen Branchen oder wenigen Werten getragen. Nimmt dieser Gleichschritt relativ stetig ab, macht das den Markt weniger anfällig für Schocks und unterstreicht den Einfluss der Einzeltitelwahl auf die Rendite. Nehmen aber beispielsweise die Sorgen um die Wirtschaft zu und die Aktienkorrelationen steigen mit zunehmender Nervosität, ist das ein Zeichen dafür, dass der Hund sich nicht wohlfühlt, weil er so weit vorgelaufen ist.

Doch das zu erkennen ist gerade für Privatanleger oft schwierig, zumal die Politik der Notenbanken das Börsengeschehen in Zeiten der Schuldenkrise bestimmt. Auch wenn noch immer gilt, dass an der Börse Erwartungen über die zukünftige wirtschaftliche Entwicklung gehandelt werden, werden derzeit die Fundamentaldaten durch den starken Einfluss der Notenbanken auf die Börse nahezu ausgeblendet. Die Leine liegt direkt in der Hand der Notenbanken. Das macht die Bewertung einzelner Titel schwierig. Hinzu kommt das niedrige Zinsniveau an den Anleihemärkten. In solchen Zeiten werden Top-Unternehmen deutlich höhere Bewertungen zugestanden als in früheren, „normalen" Jahren, denn viele Investoren weichen auf Aktien mit hoher und konstanter Ausschüttung aus, wenn mit Bonds kaum noch Renditen zu holen sind. Das lässt die Kurse der Dividendentitel steigen. In einem solchen Umfeld hilft es nur, langfristig zu denken.

Mal läuft der Hund vor, mal bleibt er zurück. Ich bin überzeugt, dass er langfristig bei Fuß geht. Unternehmenswert und Aktienkurs passen sich irgendwann einander an. Genau darauf spekulieren Value-Anleger wie Warren Buffett. Kostolanys Börsenweisheit beschreibt das Zusammenspiel von Börse und Wirtschaft sehr treffend. Die Herausforderung für Anleger ist es, zu erkennen, wann der Hund zurückbleibt und wann er zu weit vorausgerannt ist. Ob sie dabei auf Kennzahlen wie das Kurs-Gewinn-Verhältnis oder das Kurs-Buchwert-Verhältnis achten oder doch lieber auf Konjunkturindikatoren wie beispielsweise den Ifo-Geschäftsklimaindex, Arbeitsmarktdaten oder Einkaufsmanagerindizes, ist Geschmacksache und hängt natürlich auch von der persönlichen Strategie ab. Ich halte es wie die Value-Anleger und suche nach günstig bewerteten Aktien. Da ich sehr langfristig anlege, kann ich es mir leisten, Konjunkturindikatoren zu ignorieren.

# 18

# Buy on bad news, sell on good news.

Kaufen bei schlechten Nachrichten und verkaufen bei guten? Das klingt ziemlich widersprüchlich. Warum sollten Investoren die Anteile eines Unternehmens, bei dem die Gewinne sprudeln, die Produkte Kultstatus haben und der Aktienkurs stetig steigt, aus dem Depot werfen? Apple wäre damit beispielsweise im Sommer 2012 ein Verkaufskandidat gewesen – und das schon seit vielen Monaten, in denen der Aktienkurs scheinbar nur eine Richtung kannte. Viele Anleger wären wohl froh, wenn sie damals, als die Presse eine Produktneuheit nach der anderen bejubelte und die Kunden für das neueste iPhone-Modell stundenlang vor dem Apple-Store anstanden, verkauft hätten. Denn die Aktie stürzte ganz schön ab. Von fast 550 Euro ging es rasant runter auf 300 Euro. Aber wer verkauft schon gerne, wenn eine Jubelnachricht auf die nächste folgt, wenn jeder nur von den Kursgewinnen schwärmt, die mit Apple zu holen sind?

Noch unsinniger mag es erscheinen, Aktien eines Konzerns zu kaufen, bei dem es gerade gar nicht läuft. Denken Sie nur an Apple-Konkurrent Nokia. Den Smartphone-Hype völlig verschlafen, hohe Verluste und ein Aktienkurs, der jahrelang nur eine Richtung kannte, nämlich abwärts. Von gut 66 Euro ging es runter unter die Marke von zwei Euro. Und plötzlich, inmitten all der Hiobsbotschaften und obwohl Nokia noch immer Verluste schreibt, entdecken Anleger die Krisenaktie. Binnen einen Jahres geht es um 30 Prozent aufwärts. Dabei sind die Probleme des Konzerns keinesfalls gelöst, die Finnen suchen noch immer den Anschluss an Apple oder Samsung.

Verkehrte Welt? Eine bekannte Börsenweisheit besagt: „Buy on bad news, sell on good news." Also bei schlechten Nachrichten kaufen, bei guten verkaufen. Das funktioniert nur leider nicht immer. Denn welche ist die eine schlechte Nachricht, nach der es aufwärts geht? Und wann droht das sprichwörtliche fallende Messer? Langjährige

Aktionäre des Finanzinstituts Commerzbank, des Stahlkonzerns ThyssenKrupp, des Solarunternehmens Solarworld, des Immobilienkonzerns IVG oder des Druckmaschinenherstellers Heidelberger Druck können ein Lied davon singen: Bei ihren Aktien folgte eine schlechte Nachricht auf die nächste und der Kurs sackte immer weiter. Diese Aktien haben Langfristanlegern Kursverluste von zeitweise mehr als 90 Prozent eingebrockt. „Buy on bad news" war hier sehr lange Zeit der ganz falsche Rat.

Trotzdem ist die Weisheit nicht so widersprüchlich, wie sie auf den ersten Blick erscheint. Diese Börsenregel hat sogar viel Weisheit in sich. Sie ist eng verwandt mit der Aussage „Billig kaufen, teuer verkaufen" – und das wollen wir schließlich alle. Beide Weisheiten raten zu antizyklischem Verhalten.

Natürlich meint die Börsenregel nicht, dass wir bei jeder positiven Meldung gleich verkaufen oder bei jedem Konzern einsteigen sollen, der mit seinen Quartalszahlen enttäuscht oder gar kurz vor der Pleite steht. Experten raten, erst nach einer über mehrere Jahre anhaltend guten Nachrichtenlage zu verkaufen und nach einer anhaltend schlechten Lage zu kaufen. Denn Optimismus und Pessimismus können sich jeweils sehr lange halten und verstärken. Und deshalb können viele Aktien weit über ihren ökonomischen Wert steigen wie beispielsweise im Jahr 2000. Oder sie können massiv darunter fallen wie in der Finanzkrise ab 2008, als die Börsen nach unten übertrieben. Der Börsenweisheit blind zu folgen kann ganz schön gefährlich werden. Wenn Sie im Frühjahr 2000 bei den ersten schlechten Nachrichten groß eingestiegen wären, hätten Sie ziemlich viel Geld verloren. Denn kurz danach platzte die Internetblase und die Aktienmärkte crashten.

Bei dieser Börsenweisheit geht es darum, zu erkennen, ob ein Wertpapier über- oder unterbewertet ist – antizyklisches Handeln also. Dazu benötigten wir natürlich zwingend einen Maßstab für den Wert der Aktie, den wahren und fairen Wert. Doch genau da liegt das Problem. Die Weisheit klingt zwar verlockend einfach, doch ist sie eher für Börsenprofis anwendbar als für Privatanleger. Denn Letztere beschäftigen sich schließlich nicht tagtäglich mit dem Börsengeschehen und mit Bilanzen – im Gegensatz zu Fondsmanagern, Börsenhändlern, Finanzberatern, Vermögensverwaltern oder anderen Anlageexperten.

Profis wie Warren Buffett oder auch erfolgreiche Fondsmanager verschaffen sich einen Überblick über die Situation des Unternehmens, können daraufhin abschätzen, ob und wie lange ein Unternehmen, das in Schieflage geraten ist, überleben kann und möglicherweise durch die Krise wachsen kann. Das schaffen sie nicht zuletzt auch, weil sie sich vor Ort einen Eindruck vom Unternehmen und vom Management machen können.

## Gefallene Engel führen oft die nächste Hausse an

Die abgestraften Aktien mit enormem Potenzial heißen im Fachjargon „gefallene Engel“ oder auf Englisch „fallen angels“. Aus technischer Sicht handelt es sich dann um gefallene Engel, wenn diese Aktien, in der Regel übrigens Branchenschwergewichte, in der zurückliegenden Baisse mindestens 50 Prozent verloren haben, danach aber eine qualitativ hochwertige technische Bodenformation mit einem Investment-Kaufsignal verlassen haben. Das kann beispielsweise das Durchbrechen der 200-Tage-Linie, also des gleitenden Durchschnitts der Kurse der vergangenen 200 Tage, sein. Im Regelfall führen diese Titel die anschließende Kurserholung beziehungsweise Hausse an den Märkten an. Im Regelfall, aber eben nicht immer.

Ein Blick auf einen Chart und damit auf die bisherige Kursentwicklung hilft also auch nur begrenzt weiter. Denn er birgt vor allem für unerfahrene Anleger eine Gefahr: Sie verfallen beim Blick auf einen tief gefallenen Aktienkurs gerne dem Irrglauben, er werde wieder steigen, bloß weil er gefallen ist. Doch das ist reine Vergangenheitsbetrachtung, und die lässt bekanntlich nur bedingt auf die Zukunft schließen. Oder anders herum: Sie glauben, mit einer Aktie, die seit Monaten oder gar Jahren gestiegen ist, könne es nicht weiter aufwärts gehen. Ein Irrglaube, dem auch ich leider aufgesessen bin. Seit Jahren beobachte ich die Nestlé-Aktie, bin aber nie eingestiegen, weil der Kurs ja schon ach so weit gelaufen ist. Er steigt aber immer weiter und ich bin nicht dabei. „Sell on good news, buy on bad news" ist für Privatanleger nicht so leicht anzuwenden und kann uns leider auch in die Irre führen.

Für Privatanleger kommt ein psychologischer Aspekt hinzu: Interessanterweise nehmen sie Verluste stärker wahr als Gewinne in gleicher Höhe. Kein Wunder also, dass sich Anleger scheuen, bei schlechten Nachrichten zu kaufen, und es ihnen sehr viel leichter fällt, bei guten Nachrichten zu verkaufen. Gewinne bei sehr vielen guten Nachrichten mitzunehmen muss aber nicht immer die richtige Strategie sein.

Das zeigt die Aktie von Apple, die sich in den fünf Jahren bis zum Sommer 2012 mehr als vervierfacht hat. Dann warnten allerdings immer mehr Profis, dass im Kurs der Aktie – trotz der fantastischen fundamentalen Entwicklung des Unternehmens – zu viel Optimismus enthalten sei. Irgendwann werden eben auch die klassischen Wachstumsunternehmen zu teuer. Folglich wäre es natürlich auch falsch, bei den ersten negativen Nachrichten noch auf den fahrenden Zug aufspringen zu wollen.

Nur woran erkennen wir das? Ein Hinweis ist es, wenn Aktien bei guten Nachrichten nicht mehr deutlich steigen oder wenn sie bei weiteren schlechten Nachrichten nicht mehr deutlich fallen.

Wenn wir versuchen, nach dieser Börsenweisheit zu handeln, laufen wir immer Gefahr, dass wir Aktien zu früh verkaufen. Die Apple-Aktien hätten wir gemäß der Börsenwahrheit schon zu Beginn ihrer jahrelangen Rallye verkauft. Schließlich war die Nachrichtenlage hervorragend. Die Kursvervielfachung hätten wir also verpasst. Die stumpfe Befolgung der Börsenwahrheit dürfte daher dem Anleger wenig Freude bereiten. Denn hält der positive Nachrichtenfluss an, verkaufen wir zu früh. Um nicht in diese Falle zu tappen, brauchen wir ein Regelwerk, mit dem wir beurteilen können, ob die Nachrichtenlage zu einer Über- oder Unterbewertung des Wertpapiers geführt hat.

Doch für Privatanleger ist das eben nicht so einfach, uns fehlen die Analyseinstrumente der Profis. Außerdem bräuchten wir eigentlich die sprichwörtliche Glaskugel. Dem ersten Teil der Börsenwahrheit liegt nämlich der Gedanke zugrunde, dass schlechte Nachrichten zu schwachen Kursen führen und der Investor billig kaufen kann. Die Idee geht natürlich nur auf, wenn nicht noch schlechtere Nachrichten folgen.

## Auf schlechte Nachrichten folgen nicht zwangsläufig gute

„Buy on bad news", das ist eben nicht nur verführerisch, das kann auch ziemlich heimtückisch sein. Denn es suggeriert, dass negative Nachrichten ein Ende haben und positive ihnen schon bald folgen werden. Häufig hält ein negativer Nachrichtenfluss bei einzelnen Aktien aber recht lange an.

Als die Commerzbank unter Staatsfittiche kam, handelte es sich keinesfalls um die Wende zum Positiven. Im Gegenteil, der Staat hat gerade noch rechtzeitig die Pleite einer sogenannten systemrelevanten Bank abgewendet. Was folgte, war eine ganze Reihe von immer neuen negativen Nachrichten in Form von miesen Quartalszahlen, mehreren Kapitalerhöhungen und einer wenig überzeugenden Suche nach einer neuen und vor allem zukunftsträchtigen Strategie. Und nachdem Nokia den Anschluss an Apple, Samsung, HTC und andere verloren hatte, hagelte es erst einmal weiter „bad news“.

Ein anderes Beispiel zeigt, wie gefährlich es sein kann, dieser Börsenweisheit zu folgen: Das Erdbeben in Japan war eine sehr schlechte Nachricht für deutsche Versorger. Die Bundesregierung erklärte quasi über Nacht den Ausstieg aus der Atomkraft. Wer kurz nach den ersten Berichten über die Reaktorkatastrophe von Fukushima bei den Aktien RWE oder E.on zugriff, musste aber in den folgenden Monaten noch massive Verluste hinnehmen. Von diesen Verlusten haben sich die Versorger-Aktien bisher nur teilweise erholt.

Trotzdem ist an der Börsenweisheit viel Wahres dran. Nämlich dann, wenn eine Aktie, deren Kurs zunächst tief gefallen ist, zu steigen beginnt. Denn das verspricht einen Turnaround, also die Wende zum Besseren. Doch wie können Sie als normaler Börsenbeobachter ohne Zugriff auf interne Daten eines Unternehmens die Turnaround-Kandidaten von solchen Aktien unterscheiden, deren Kurse irgendwann nahe null landen? Oft hilft eine einfache Negativauslese: Wenn ein Vorstandschef wie Frank Asbeck lieber den Sonnenkönig mimt, anstatt sich um die Geschäfte von Solarworld zu kümmern, dann sollten Ihre Alarmglocken läuten. Auch und vor allem zu Zeiten des Neuen Marktes gab es viele Anzeichen, die Anleger ignorierten. Die Haffa-Brüder, ihres Zeichens Vorstände und Hauptaktionäre von EM.TV, schienen mehr auf den roten Teppichen dieser Welt und in den einschlägigen Promi-Gazetten herumzuturnen als in ihren Büros. Dem Aktienkurs des kriselnden Filmrechte-Händlers hat das wenig geholfen.

Die Positivauslese unter den möglichen Turnaround-Favoriten fällt leider etwas schwerer. Denn wir müssen die Aktie eines angeschlagenen Unternehmens aufgrund ihres zukünftigen Gewinnpotenzials beurteilen. Und wer kann schon mit Sicherheit sagen, wie sich ein Konzern künftig entwickelt? Trotzdem ist es eine beliebte Strategie, auf den Turnaround einzelner Unternehmen zu setzen. Sie ist allerdings auch recht gefährlich. Wie oft hat es bereits Unternehmenspleiten gegeben, die Anlegern, die auf einen möglichen Turnaround gesetzt hatten, satte Verluste einbrockten? Denken Sie nur an das Beispiel Karstadt. Wer trotz der schlechten Nachrichtenlage Aktien des Unternehmens kaufte, griff tief in das fallende Messer.

## Die Deals der Insider und Superinvestoren

Es gibt aber einige Anhaltspunkte, die uns helfen, künftige Börsenperlen auszumachen – auch wenn die Nachrichtenlage noch so schlecht ist. Schauen Sie, was die Profis machen. Welche Firmenchefs kaufen zu? Informationen gibt es auf der Internetseite der BaFin und im Insiderbarometer des *Handelsblatts*. Und schauen Sie den Superinvestoren auf die Finger. Das sind nicht nur Warren Buffett, George Soros und John Paulson, über die regelmäßig im Wirtschaftsteil der Zeitungen und im Internet berichtet wird. Auch in Deutschland gibt es Superinvestoren, deren Investments es zu beobachten lohnt – beispielsweise die Multimillionärin und BMW-Erbin Susanne Klatten, geborene Quandt. Sie ist maßgeblich an Unternehmen wie dem Kohlefaserspezialisten SGL Carbon und dem Windturbinenbauer Nordex beteiligt. Wenn wir auf Aktien setzen, die auch sie im Portfolio hat, kann wahrscheinlich nicht viel schiefgehen. Vor allem, wenn wir die Aktien zu Tiefstpreisen einsammeln, beispielsweise wenn es an den Märkten mal wieder etwas turbulenter zugeht und die Aktien einen herben Rücksetzer verbuchen.

Wenn Sie sich nicht zutrauen, solche Turnaround-Kandidaten einzusammeln, können Sie sich Experten-Rat kaufen. Es gibt eine Reihe von Fondsmanagern, die auf gefallene Engel setzen. Mit solchen

Fondslösungen streuen Sie das Risiko. Außerdem können die Profis im Zweifel besser einschätzen, ob der Kauf bei „bad news“ wirklich attraktiv erscheint oder ob das Argument der vermeintlich billigen Aktie doch mit zu großen Risiken verbunden ist.

Einfacher ist es übrigens, die Börsenweisheit auf ganze Märkte anzuwenden. Oft sind wir nämlich so sehr auf den Absturz einzelner Aktien fokussiert, dass wir den Gesamtmarkt, also den Index, außer Acht lassen. An manchen Börsen begann der Kurzsturz vor vielen Jahren, die Wende zum Besseren kriegen wir dann zu spät mit. Ein Beispiel ist der japanische Markt. Die Erholung hatte sich in Tokio bereits abgezeichnet, bevor die Kurve des Nikkei im Frühjahr 2013 deutlich ins Plus drehte. Schon zuvor waren nämlich verschiedene Aktien gegen den Abwärts- bis Seitwärtstrend gestiegen. Sie waren quasi Vorreiter der spektakulären Erholung. Der Nikkei legte binnen eines Jahres, nämlich von August 2012 bis August 2013, stolze 50 Prozent zu.

Es müssen aber nicht gleich eine langjährige Krise und eine beeindruckende Erholungsrallye sein, auch kurzfristig gibt es Wendepunkte, die sich abzeichnen. Wann es so weit ist, können wir sogenannten Sentiment-Analysen entnehmen. So messen und deuten beispielsweise die Experten der Analysehäuser Sentix und Cognitrend Woche für Woche die Anlegerstimmung.

Genau genommen ist „Buy on bad news, sell on good news” nämlich die Formel, nach der die Experten für Börsenpsychologie arbeiten. Was übersetzt heißt: Ist die Stimmung zu gut, sind die Anleger also zu euphorisch, ja geradezu gierig, dann ist es an der Zeit, Aktien zu verkaufen. Ist die Stimmung aber schlecht, sind die Börsianer voller Zweifel, ängstlich und sogar panisch, dann sollten wir eher kaufen. Wenn die Stimmung am schlechtesten ist oder wenn die Nacht am dunkelsten scheint, wenn sonst niemand kaufen will und die sprichwörtlichen Kanonen donnern, dann ist es Zeit für den Turnaround.

Eben ganz im Sinne der „Contrarian Theory", der Theorie der gegensätzlichen Meinung. Diese geht davon aus, dass die allgemeine Meinung über Markttendenzen falsch ist. Die Grundidee ist, dass in einer euphorischen Börsenstimmung die meisten Anleger bereits investiert sind und somit nur noch wenig Liquidität für weitere Kurssteigerungen vorhanden ist. Bei einer schlechten Stimmung hingegen halten viele Anleger Abstand von der Börse, was zu steigenden Kursen führt, sobald sie ihr Geld wieder investieren. Die Prognosen der Sentiment-Experten sind oft beeindruckend treffsicher.

Auch wenn ich der Börsenweisheit von den schlechten und den guten Nachrichten einiges abgewinnen kann – vor allem wenn wir sie auf ganze Märkte anwenden –, ist sie für Privatanleger grundsätzlich schwer in bare Münze umzusetzen. Wir greifen dabei leider viel zu oft in das fallende Messer, verlieren zu schnell die Nerven und machen Fehler über Fehler.

# 19

# Timing ist alles.

Manche Anleger strotzen vor Selbstbewusstsein. Sie sind fest davon überzeugt, schlauer zu sein als der Markt. Sie trauen sich zu, immer oder doch zumindest meistens den „richtigen" Anlagezeitpunkt zu erwischen. „Timing ist alles", lautet ihr Credo. Übersetzt: zu Tiefstkursen, also billig, kaufen und zu Höchstständen teuer verkaufen. Wenn es an der Börse etwas turbulenter zugeht, laufen sie zu Höchstform auf. In Zeiten mit starken Schwankungen lassen sie sich zu hektischem Handeln verleiten. Ihre Gier nach schnellen Gewinnen ist meist größer als die Angst vor Verlusten. Schließlich müssen sie im täglichen Auf und Ab der Kurse doch nur den richtigen Moment für Kauf oder Verkauf finden. Wie ein Surfer auf der Suche nach der perfekten Welle, gieren sie nach dem perfekten Zeitpunkt für den Ein- oder Ausstieg, sie gieren nach dem maximalen Gewinn.

Oft scheitern diese Investoren aber bei ihrem Versuch, besser zu sein als die breite Masse der Anleger. Selbstüberschätzung hat an der Börse noch nie weitergeholfen. Denn die Schwankungen an den Märkten sind nun mal nicht vorhersehbar. Weder der Zeitpunkt, wann die Börsen drehen, noch Ausmaß und Dauer von Bären- und Bullenmärkten sind im Voraus exakt zu bestimmen – nicht von professionellen Investoren und noch weniger von Privatanlegern. Selbst die Profis mit ihren ausgeklügelten Analysemethoden und Strategien erleiden immer wieder Rückschläge.

Das beste, ja sogar perfekte Timing ist Glückssache. Und es gibt eben Investoren, die haben ein glückliches Händchen und erwischen öfter das perfekte Timing als andere. Der optimale Ein- und Ausstieg ist aber trotzdem eher eine Kombination aus Können und Zufall. Dauerhaft gelingt das den allerwenigsten.

Sogar Experten lassen sich von Nachrichten blenden und melden sich dann mit leider völlig falschen oder doch zumindest irreführenden

Analysen zu Wort. Anleger, die auf solche Expertisen vertrauen, schauen in die Röhre. Im Februar 2013 purzelte eine solche Analyse in die Postfächer vieler Journalisten. Die Strategen einer großen Investmentbank waren beunruhigt über die politischen Geschehnisse in Europa, den US-Haushalt und den „unsinnigen Run auf Aktien". Ihr Rat: Aktienanleger sollten in den kommenden Monaten vorsichtig sein. Schon einen Monat später kam die totale Kehrwende: Die Strategen befanden die Probleme in Europa für nicht systembedingt und zeigten sich überzeugt, dass das billige Geld der Notenbank weltweit für gute Stimmung an den Börsen sorgen würde. Sie rieten sogar, vorsichtig in den Markt einzusteigen. Verkaufen und Kaufen innerhalb von nur vier Wochen – und das, obwohl sich fundamental nichts geändert hatte. Ernst nehmen kann ich das nicht. Vielleicht waren es die steigenden Börsenkurse, die die Experten umgestimmt hatten. Seit Jahresbeginn hatten die meisten Indizes nämlich kräftig zugelegt. Der weltweite Aktienindex MSCI World, der US-Index S&P 500 und auch der britische FTSE 100 waren um rund zehn Prozent geklettert.

## Das perfekte Timing ist eine Legende

Es war also eine völlig falsche Markteinschätzung, die die zweifelhaften Experten veröffentlicht hatten. Solche Fehldiagnosen gibt es leider öfter. Das zeigt, dass auch Profis ihre Probleme mit dem optimalen Ein- und Ausstiegszeitpunkt haben. Das perfekte Timing ist eine Legende. Auf Basis makroökonomischer, technischer oder politischer Nachrichten verlässliche Prognosen zu geben ist ein ganz heißer Ritt. Wie soll das auch funktionieren? Die Märkte sind ständig in Bewegung. Neue Nachrichten und Informationen werden eingepreist, Millionen Börsianer handeln im Nanosekundentakt – oft getrieben von ihren Emotionen.

Wie sollen wir da das perfekte Timing finden? Wir brauchen eine Kristallkugel, um zu wissen, in welche Richtung sich der Markt in den nächsten Stunden, Tagen, Wochen oder Monaten bewegt, und um zu erkennen, wann er dreht. Der Versuch, immer den richtigen Zeitpunkt zu erwischen, endet oft in wilder Zockerei – denn die Kristallkugel gibt es nur im Märchen und bei äußerst zweifelhaften Hellseherinnen.

Selbst wenn es gelingen würde, über viele Jahre hinweg den richtigen Einstiegszeitpunkt zu treffen, wäre die Rendite gar nicht so viel besser. Die US-Fondsgesellschaft Fidelity hat drei unterschiedliche Anlegertypen miteinander verglichen. Jeder von ihnen hat zwischen 1979 und 2011 jährlich 100 Euro in den deutschen Aktienmarkt investiert. Das überraschende Ergebnis: Der Anleger, der seine Investments immer zum Jahresbeginn tätigte, erzielte eine Rendite von 4,97 Prozent pro Jahr. Der Marktkenner, der stets den Tiefststand am Markt vorhersah, kann sich über eine jährliche Rendite von 5,39 Prozent freuen. Mit etwas Abstand folgt der Anleger mit dem unglücklichen Händchen, der über mehr als 30 Jahre immer zum Jahreshöchstkurs kaufte, mit einer jährlichen Wertentwicklung von 4,54 Prozent.

Die Ergebnisse zeigen, dass das „Market-Timing" – sollte es denn gelingen – zumindest eine kleine Mehrrendite bringt. Ein Argument für das Timing? Der Vergleich mag eine Überrendite im Falle des perfekten Timings belegen, aber das ist wenig überraschend. Doch diese Zahlen sind bloße Theorie, in der Praxis hapert es bei der Timing-Strategie. Wie so oft funktioniert auf dem Papier viel, was in der Wirklichkeit kaum konsistent umsetzbar ist. Und selbst wenn: Das Beispiel zeigt, dass es dem Marktkenner, dessen Depot alljährlich vom idealen Einstiegszeitpunkt profitierte, nicht gelingt, bei der Wertentwicklung weit davonzuziehen.

## Ausdauer ist wichtiger als der Einstiegszeitpunkt

Die Experten empfehlen deshalb, auf den Faktor Zeit zu setzen. „Time, not Timing" lautet eine weitere bekannte Börsenweisheit. Frei übersetzt sagt sie: Die Zeit – und nicht der Zeitpunkt – ist für die Rendite ausschlaggebend. Denn je länger die Anlagedauer, desto wahrscheinlicher ist es, dass sich das Rauf und Runter an der Börse ausgleicht und der Anleger von der auf lange Sicht tendenziell positiven Entwicklung des Aktienmarkts profitiert. Denken Sie nur an Kostolanys Schlaftabletten. Für den langfristigen Vermögensaufbau schlägt Zeit eben einfach den Zeitpunkt. Gerade in Krisenphasen, in denen niemand genau weiß, wie sich der Aktienmarkt in den nächsten Wochen und Monaten entwickeln wird, ist es schlauer, wenn Sie Ihre einmal festgelegte Investmentstrategie konsequent durchziehen.

Der Frage nach dem richtigen Timing können Sie übrigens geschickt ausweichen, indem Sie sich selber disziplinieren: Anstatt zu versuchen, einen optimalen Einstiegszeitpunkt zu finden, sollten Sie lieber über regelmäßiges Sparen nachdenken. Gemeint sind Fonds- oder ETF-Sparpläne. Der Vorteil: In Zeiten stark schwankender Aktienkurse kaufen Anleger in der Regel antizyklisch, das heißt sie kaufen bei einer monatlichen Sparrate verhältnismäßig viele Aktienanteile, während sie in Marktphasen, in denen die Börse mit verhältnismäßig hohen Aktienkursen aufwartet, im Vergleich weniger Aktienanteile erhalten. Studien haben übrigens gezeigt, dass es das langfristige Ergebnis so gut wie nicht beeinflusst, ob Sie monatlich, quartalsweise oder halbjährlich sparen, sofern Sie über viele Jahre hinweg investieren.

Experten raten vor allem Langfristanlegern, bei größeren Anlagen die Investitionssumme über mehrere Ein- und Ausstiegszeitpunkte zu verteilen. Das ist wichtiger, als auf den einen Zeitpunkt zu warten – oder vor lauter Warten gar nichts zu tun.

Oder zu viel zu tun. Denn viele Verfechter der Timing-Strategie sind sehr aktiv an den Märkten, das heißt, sie kaufen und verkaufen sehr häufig Titel. Ein Fehler, meinen die Experten. Die Risiken, die ein Anleger durch eine Rein-und-Raus-Strategie auf sich nimmt, sind nämlich viel größer als die möglichen Renditechancen. Außerdem ist diese Investmentstrategie mit einem enormen Zeit- und auch Kostenaufwand verbunden. Und Hin und Her macht bekanntlich Taschen leer, auch wenn hochaktive Trader natürlich genau auf die Kosten achten.

Trotzdem hat der Anleger mit dem langen Atem an Bedeutung verloren – er ist durch den aktiven Trader ersetzt worden. „Long only ist tot", heißt es oft. Und: „Kostolanys Schlaftabletten wirken nicht mehr." Aber das ist eben falsch. Allerdings hat sich an den Aktienmärkten inzwischen eine andere Mentalität entwickelt als noch vor einigen Jahren. Eine überraschende Entwicklung, finde ich. Immerhin fristete die Aktie hierzulande lange ein Mauerblümchendasein. Erst in den 1980er-Jahren entwickelte sich in Europa und vor allem in Deutschland eine neue Aktienkultur. Das hatte natürlich positive Auswirkungen auf die Aktienkurse. Sie stiegen und mit ihnen die Bewertung von Unternehmensbeteiligungen. Während der beiden Dekaden von 1980 bis 1990 und dann bis 2000 verzehnfachten sich die Aktienkurse in den USA und in Europa.

Doch seither geht es mit den Aktienkursen seitwärts – Crash inklusive und unter massiven Kursschwankungen. Einige Menschen entdeckten inmitten dieser Turbulenzen ihr Trading-Gen, während die Begeisterung für die Aktie allgemein wieder nachließ. Das ist nicht nur sehr schade, sondern – entschuldigen Sie bitte die Ehrlichkeit – auch sehr dumm. Die Börse und vor allem der Deutsche Aktienindex DAX ist nämlich eine Erfolgsgeschichte, allen Turbulenzen zum Trotz. Und an dieser Erfolgsgeschichte haben die

Sparbuch-Liebhaber nicht teilgenommen. Schlimmer noch: Sie haben sich mit Mini-Zinsen begnügt.

Es wäre sehr viel mehr zu holen gewesen: Anfang Juli 2013 feierte der DAX seinen 25. Geburtstag. Wer zu seiner Gründung 10.000 Euro in die Aktien des Index investiert hätte, der hätte am Tag seines Jubiläums etwas mehr als 68.000 Euro herausbekommen – eine jährliche Rendite von rund acht Prozent. Nicht schlecht; nicht nur im Vergleich zum Sparbuch. Ich wage allerdings zu behaupten, dass die wenigsten deutschen Privatanleger diese Rendite eingefahren haben – mich eingeschlossen. Die ganze Zeit über investiert waren wohl die allerwenigsten. Im Gegenteil: Sie waren wahrscheinlich in Boomzeiten dabei, haben aber zu spät, also zu teuer, gekauft. Und sie haben in die Crashs hinein verkauft, als sie beim Blick auf die abschmierenden Kurse panisch wurden. Der übliche Fehler der Privatanleger, die sich leider immer wieder von ihren Emotionen leiten lassen.

Belohnt wurden Anleger, die über die gesamte Zeit dabei waren. Das gilt für einzelne Aktien wie für den Gesamtmarkt. Die größten Kurssteigerungen passieren nämlich meist innerhalb weniger Tage, kurz vor oder nach einem Kursrückgang. Wer aus Panik aussteigt und Verluste durch Verkäufe realisiert, um dann erst in einer Aufschwungphase hektisch wieder einzusteigen, hat es schwer, die verlorene Rendite wieder reinzuholen. Ausdauer ist wichtiger als ein glückliches Händchen, Timing funktioniert nicht.

## Die Timing-Strategie funktioniert nur auf dem Papier

Natürlich lässt sich leicht ein Szenario konstruieren, bei dem gewaltige Kursgewinne herausgekommen wären. Wenn Sie etwa im Jahr 2002 den DAX gekauft und fünf Jahre später wieder verkauft hätten, könnten Sie sich über eine jährliche Rendite von 22 Prozent freuen.

Jährlich, wohlgemerkt. Ein weiteres Beispiel dafür, dass auf dem Papier vieles funktioniert, auch die Timing-Strategie. Aber auch den Gegenbeweis kann ich Ihnen liefern: Hätten Sie nur die fünf besten Jahre im vergangenen Vierteljahrhundert verpasst, dann wären aus 10.000 Euro unter dem Strich nur noch knapp 13.000 Euro geworden. Wenn Sie dann noch die Inflation einrechnen, dürften Sie ziemlich unzufrieden sein. Zur Erinnerung: Wären Sie immer investiert gewesen, könnten Sie sich über 68.000 Euro freuen.

Damit sollte klar sein: Timing-Entscheidungen sind die schwierigsten Entscheidungen überhaupt. Beim „richtigen Timing" geht es auch gar nicht unbedingt um einen konkreten Zeitpunkt, um einzelne Aktien oder Anleihen zu kaufen oder zu verkaufen. Es geht auch darum, zu wissen, wann wir Aktien und wann Anleihen oder wann nur Cash halten sollten. Auch das ist nicht immer einfach, wie das Beispiel der Experten der Investmentbank aus dem Februar 2013 zeigt.

Dafür, dass ein Aufschwung an den Aktienmärkten zu Ende geht, gibt es übrigens einen ziemlich einfachen, aber nicht weniger zutreffenden Hinweis: Der Titelseiten-Indikator, in Deutschland auch gerne „*Bild*-Zeitungs-Indikator" genannt, ist ein relativ verlässliches Signal zum Ausstieg.

Wenn die Medien euphorisch über den nicht enden wollenden Aufschwung an den Aktienmärkten berichten und ihn zum Top-Thema machen, ist das für erfahrene Börsianer ein klarer Kontraindikator. Vor allem die Anhänger des antizyklischen Investierens sind nämlich überzeugt, dass der verbreitete Börsenoptimismus eher ein Signal zum Ausstieg aus Aktien ist: Wenn es extrem optimistische Aktienmarktprognosen auf die Titelseiten von Zeitungen und Zeitschriften geschafft haben, geht die Aufwärtsbewegung an der Börse zu Ende. Das gilt vor allem für Publikationen, die normalerweise über ganz andere Themen als Börse und Geldanlage berichten und zugleich aber eine breite Leserschaft haben – getreu der alten Börsenweisheit, dass wir sofort alle Aktien verkaufen sollen, wenn uns der Taxifahrer Börsentipps gibt. Im frühen 20. Jahrhundert war es übrigens die sogenannte Milchmädchen-Hausse, die ein deutliches Warnsignal darstellte.

## Die *Bild*-Zeitung als Warnsignal

Aber zurück zum Titelblatt-Indikator. Dass dieser Indikator hierzulande den Namen der *Bild*-Zeitung trägt, hat einen einfachen Grund, der zeigt, wie treffend dieses Warnsignal ist: Der Name geht zurück auf einen Titel von Deutschlands größter Tageszeitung aus dem Frühjahr 2000. Auf ihrer ersten Seite versprach die *Bild*, dass uns der Neue Markt alle reich machen werde. Dieser Titel kam nur wenige Tage vor Beginn der Trendwende an der Börse – und kündigte damit unfreiwillig das Platzen der Internetblase an. Von diesem langen und schmerzhaften Absturz, der im DAX erst drei Jahre später bei einem Stand von 2.200 Punkten endete, hatte sich die Börse erst 2007 wieder erholt.

Das Gefährliche an enthusiastischen Börsentiteln ist, dass über etwas berichtet wird, was im Grunde schon passiert ist. Die optimistischen Anleger haben da schon längst Aktien gekauft, das Gros der Kursgewinne ist bereits eingefahren. Es ist allerdings noch kein Verkaufssignal, wenn Wirtschaftsmedien sehr positiv über ein Börsenthema berichten. Erst wenn thematisch breiter aufgestellte Publikumszeitschriften jubilieren, sollten Sie hellhörig werden. Um ein Signal für antizyklisches Investieren zu geben, muss die Börseneuphorie also am Kiosk sichtbar sein. Sie muss es auf die Aufmacherseiten von Blättern schaffen, die sonst eher über die neuesten Liebschaften unserer Fußballstars berichten.

Der Titelblatt-Indikator ist übrigens wissenschaftlich nachgewiesen. Der amerikanische Anlageexperte Paul Macrae Montgomery hat 1971 herausgefunden, dass beispielsweise Aktien aus Titelgeschichten im Monat nach ihrem Erscheinen noch steigen, weil dann auch noch die letzten übrig gebliebenen zweifelnden Anleger – Börsenaltmeister André Kostolany sprach von den Zittrigen – zugreifen. Ein Jahr nach der Titelgeschichte notieren allerdings 80 Prozent der fraglichen Papiere im Minus.

Wenn also eine große Boulevard-Zeitung oder eine Fernsehzeitschrift für den Einstieg in Aktien trommelt, dürfte die Börsenparty bald vorbei sein. Der Indikator funktioniert übrigens auch in die Gegenrichtung, wie ein legendäres Beispiel aus dem Jahr 1979 zeigt: Damals hatte das US-Wirtschaftsmagazin *Business Week* auf seinem Cover den Tod der Aktien vorausgesagt – „The Death of Equities". In den folgenden Monaten kam es an den Börsen zu einer historischen Hausse, bei der sich die Aktienkurse verzehnfachten. Der Zeitungstitel-Indikator hilft also ziemlich zuverlässig beim Timing des Aus- und sogar des Einstiegs.

Grundsätzlich gilt aber: Gutes Timing ist selten. Warren Buffett hat sich in seinem Leben nur viermal öffentlich zu Timing-Entscheidungen geäußert. Der bekannte Starinvestor hat 1986 nicht mehr in Aktien investiert. Zwölf Jahre zuvor lautete seine Empfehlung hingegen „Vollgas für Aktien". Und 1998 hat Buffett vor einer Überteuerung der Märkte gewarnt. Im Jahr 2008 hat er wieder Aktien empfohlen. Auch wenn seine Timing-Empfehlungen schon mal ein oder zwei Jahre zu früh waren, waren sie dennoch gut – weil sie eben richtig waren. Doch auch Profi-Investoren verzweifeln mitunter am Timing: Kaufen ist beispielsweise für den Value-Investor einfach, weil er schlicht unterbewertete Aktien kauft. Verkaufen ist hingegen sehr schwer. Denn wer will sich schon weitere Gewinne entgehen lassen?

Versuchen Sie nicht, am Tiefpunkt zu kaufen und auf dem Top zu verkaufen. Das können nur Lügner. Timing ist nicht alles, weil es für (Privat-)Anleger fast unmöglich ist, den richtigen Ein- oder Ausstiegszeitpunkt zu treffen. Auch wenn taktische Geldanlagen noch so verführerisch klingen. Ich würde sogar so weit gehen und behaupten, dass das richtige Timing ohnehin nur zufällig klappt. Viel sinnvoller ist es, zu jedem Zeitpunkt an der Börse investiert zu sein, und zwar breit gestreut. Aktien waren langfristig rund vier Prozentpunkte rentabler als Zinspapiere. Trotz hoher Schwankungen und teils massiver Verluste stimmt auf lange Sicht die Bilanz. Warum sollten wir das riskieren, nur weil wir auf der Jagd nach ein bisschen mehr Rendite sind? Die Gefahr, ein völlig falsches Timing zu haben, ist einfach zu groß. Die Timing-Regel klingt natürlich verlockend, aber sie funktioniert wohl nur rückblickend. Die bessere Wahl ist „Time, not Timing“.

# Investiere nur in eine Aktie, deren Geschäft du auch verstehst.

Würden Sie sich ein chinesisches Buch kaufen, obwohl Sie kein Mandarin sprechen und folglich kein Wort verstehen? Natürlich nicht. Eigentlich sollte es doch auch völlig selbstverständlich sein, dass wir unser Geld nur in Dinge investieren, die wir auch verstehen. Doch spätestens seit der Pleite der US-Investmentbank Lehman Brothers steht fest: Viele Anleger kaufen Produkte, die sie nicht durchschauen. Schlimmer noch, sie investieren in Anlagevehikel, deren Risiken sie nicht kennen. „Risiko entsteht dann, wenn Anleger nicht wissen, was sie tun", sagt Warren Buffett. Recht hat er.

Dabei ist es ganz egal, ob es um etwas komplexere Fonds oder börsengehandelte Indexfonds (Exchange-Traded Funds, kurz ETFs) oder um mehr oder weniger komplizierte Zertifikate geht – der gesunde Menschenverstand sollte uns sagen, dass wir unsere Geldanlage begreifen müssen. Das gilt auch für Aktien, wie Warren Buffett weiß. „Investiere nur in eine Aktie, deren Geschäft du auch verstehst" ist eine der goldenen Regeln des Börsengurus. Er empfiehlt Anlegern, sich unter den guten Unternehmen die besten herauszusuchen. „Konzentrieren Sie Ihre Investments auf herausragende Unternehmen, die von einem starken Management geleitet werden", so der Superinvestor.

Oberstes Gebot ist und bleibt aber, dass Investoren das Geschäftsmodell kennen und nachvollziehen können. Als Zielobjekt kommen für Buffett nur Firmen mit einem stabilen Geschäftsmodell und einer relativ leicht zu prognostizierenden Umsatz- und Gewinnentwicklung infrage. Software-, Computer- und Telekom-Unternehmen, die daran scheitern können, dass ihre Führung eine Innovation verpasst oder auf die falsche Technologie setzt, haben ihn eigentlich nie interessiert. Er setzt auf die Hersteller weltweit bekannter Marken und Produkte. Die Firmen, in die Buffett investiert hat, kennt deshalb auch jeder: Coca-Cola, American Express, Gillette, Washington Post, um nur einige zu nennen. Es sind Markenunternehmen, die eine unglaubliche Macht haben und so die Preise diktieren können. Die Produkte sind leicht zu greifen, jeder nutzt sie – ob nun Softdrink, Kreditkarte, Rasierer oder Tageszeitung. Zu seinem breit gestreuten Imperium gehören Schuhfabriken, Süßwarenhersteller, eine Möbelkette und einige Lokalzeitungen.

Eines der ersten und wichtigsten Investments des Investors war sicherlich American Express, in den USA nur Amex genannt. Nach einem Skandal fiel die Aktie der Kreditkartenfirma im Jahr 1962 über Nacht von 65 auf 33 Dollar. Buffett hielt Amex aber grundsätzlich für stark und handelte konsequent. Er investierte stolze 13 Millionen Dollar, damals immerhin 40 Prozent des Gesamtvermögens seiner Gesellschaft. Der Börsenkurs zog an und Buffett verdiente allein in den ersten beiden Jahren 20 Millionen Dollar an seinem Investment. Eine satte Rendite, und es wurde noch besser: Die Beteiligung ist im Sommer 2013 sage und schreibe elf Milliarden Dollar wert. Und das ist nur ein Beispiel für das glückliche Händchen des Superinvestors.

Ein weiteres Beispiel ist Coco-Cola: Buffett wird nachgesagt, dass er das klebrige Getränk schon sein Leben lang liebt. Die ersten Aktien kaufte er allerdings erst 1988. Der Konzern passt perfekt zu Buffetts Vorliebe, große Kapitalmengen mit hoher Investitionsrendite einsetzen zu können. Mittlerweile sind seine Coca-Cola-Aktien gut 16 Milliarden Dollar wert – und Cherry Coke ist das offizielle Getränk auf den Hauptversammlungen seiner Investmentgesellschaft Berkshire Hathaway.

Buffetts Interesse an Gillette erwachte in den 1980er-Jahren. Damals galt das Unternehmen an der Wall Street als reifes, langsam aber stetig wachsendes Unternehmen – also perfekt für eine Übernahme durch Berkshire Hathaway. Als Gillette 1991 einen Aktiensplit vornahm, bekam Berkshire Hathaway für seine Vorzugsaktien elf Prozent der Stammaktien. Der Wert der Investition stieg innerhalb von zwei Jahren von 600 Millionen auf 875 Millionen Dollar. Seit 2005 gehört Gillette zum Konsumgüterkonzern Procter & Gamble. Buffetts Beteiligung war im Sommer 2013 vier Milliarden Dollar wert – eine Rendite, von der Privatanleger nur träumen können.

Seine Aktien hält Warren Buffett über Jahrzehnte, selten trennt er sich von einem Investment. Von kurzfristigen Anlagen hält er nichts. „Ich kaufe Aktien nie mit der Absicht, schnell Geld zu machen", sagt der Milliardär. „Ich erwerbe Aktien unter der theoretischen Annahme, dass die Börse morgen schließt und erst in fünf Jahren wieder öffnet." Die Marktführer, auf die er setzt, zählen in Boom- wie in Krisenzeiten meistens zu den Gewinnern. Schließlich brauchen Menschen auch dann Rasierklingen, wenn es wirtschaftlich bergab geht. Sie trinken auch dann Coca-Cola, wenn sie gerade ihren Job verloren haben. Relativ sichere Geschäftsmodelle also. Die marktdominanten Giganten überleben jeden Crash, gehen nicht unter und werden nach einer Krise nur noch stärker.

Mit diesem Ansatz hat Warren Buffett das reine „Value-Investing" seines Lehrmeisters Benjamin Graham verfeinert. Während Graham rein nach Bewertungskennziffern wie beispielsweise dem Kurs-Buchwert-Verhältnis nach unterbewerteten Aktien fahndete, sucht Buffett unterbewertete Markenunternehmen mit hoher Preissetzungsmacht. Es war ein kleiner und völlig unscheinbarer Kauf, der die Vorlage für die spektakulären und so extrem erfolgreichen Investments der 1980er- und 1990er-Jahre lieferte. Vor mehr als 40 Jahren flog Buffett nach San Francisco, um sich den Pralinenhersteller See's Candies anzuschauen, eine US-Version des Schweizer Schokoladenklassikers Lindt & Sprüngli. Er liebte die Pralinen und er mochte die Zahlen. Doch die Preisvorstellung der Eigentümer schien ihm ziemlich überzogen.

Buffett ließ sich mehr als drei Stunden lang von der damaligen Nummer zwei des Unternehmens, Charles Huggins, in die Mysterien des Schokoladengeschäfts einweihen – und änderte dann seine Meinung. Er zahlte, was die Besitzer forderten, und machte Huggins zur Nummer eins. „Dabei habe ich Warren nur erzählt, was bei uns alles schief läuft“, erzählte der Schokoladenfachmann Jahre später. Es dürfte schon ein wenig mehr gewesen sein, was Huggins seinem späteren Partner damals verraten hat. Seit Buffett bei See's Candies eingestiegen ist, besteht der Erfolg im Wesentlichen darin, die Zahlungsbereitschaft der Pralinen-Fans auszunutzen. Die sind so verrückt nach den Süßigkeiten, dass sie jede Preiserhöhung klaglos akzeptierten. Umsatz und Gewinn vervielfachten sich rasant.

Mit dem Pralinen-Deal ist Warren Buffett auf den süßen Kern seiner Anlagestrategie gestoßen. Denn ihm wurde klar, wie viel Macht ein Markenunternehmen über seine Kunden hat. „Coca-Cola hätte ich wohl nie angerührt, wenn es See's Candies nicht gegeben hätte“, sagte er später. Beim Kauf der Schokoladenfabrik akzeptierte der Investor zum ersten Mal, dass der Kaufpreis eine Prämie für Qualität und Ansehen enthielt. Bis dahin hatte ein typischer Buffett-Deal ganz anders ausgesehen. Vor allem billig musste es sein, getreu seinem Lehrmeister Benjamin Graham. Er griff nur zu, wenn der Börsenwert weit unter dem Buchwert der Firma lag. Die Risiken eines solchen Geschäfts mit Abschlag schienen gering. Schließlich ließ sich ein solches Unternehmen im Notfall in seine Einzelteile zerlegen und mit Gewinn weiterverkaufen.

Das Beispiel des Pralinen-Herstellers zeigt, wie präzise der Mann aus Omaha seine Zielobjekte durchleuchtet, bevor er investiert. Dabei recherchiert er vor Ort, spricht mit dem Management, wälzt Bücher, analysiert die Konkurrenz. Diese Möglichkeit haben Privatanleger natürlich nicht oder nur sehr eingeschränkt. Trotzdem sollten auch wir verstehen, welche Chancen und Risiken wir mit einem Wertpapier einkaufen. Für jede Position in unserem Depot sollten wir eine einfache Frage beantworten können: Warum kaufe oder halte ich das Wertpapier?

Auf ihrer Jagd nach einer möglichst hohen Rendite, nach dem schnellen Geld und nach der einen Wette, die auf jeden Fall aufgeht, vergessen viele Anleger solche Grundsätze aber leider. Sie werden getrieben von der Hoffnung, den Markt zu schlagen und endlich einmal das große Geld zu machen. Für viele Privatanleger ist diese Hoffnung allerdings schon lange gestorben. Den Markt zu schlagen schaffen nämlich nur die allerwenigsten. Die meisten, die es versuchen, verlieren viel Geld. Lassen Sie sich also nicht von Renditeversprechen blenden und hinterfragen Sie die Unternehmen und Produkte, in die Sie investieren. Leider tun das immer noch zu wenige.

Als die US-Investmentbank Lehman Brothers pleiteging, wurden beispielsweise haufenweise Zertifikate wertlos. Sehr zur Verwunderung vieler Anleger, die sich gar nicht darüber im Klaren waren, welches Risiko sie eingegangen waren. In diesem Fall war es das sogenannte Emittentenrisiko. Der Emittent ist der Herausgeber des Papiers. Nur leider ist das investierte Kapital bei Zertifikaten nicht gesichert, ist also kein geschütztes Sondervermögen wie bei Fonds. Fällt der Zertifikate-Emittent aus, ist das Geld futsch. Das hatten viele nicht gewusst oder doch zumindest ignoriert. Nach dem Lehman-Debakel wurde aber auch schnell klar, dass komplizierte Strukturen in Depots völlig ahnungsloser Sparer gelandet waren. Die „Lehman-Oma", der von Bankberatern reichlich komplexe Zertifikate verkauft – böse Zungen meinen sogar aufgeschwatzt – worden waren, bestimmte die Schlagzeilen. Und sie war leider kein Einzelfall.

Von Produkten, die wir nicht verstehen und die auch niemand verstehen kann, sollte jeder von uns sowieso die Finger lassen.

Eigentlich eine Selbstverständlichkeit. Ich bin immer wieder entsetzt, wenn mir Menschen erzählen, dass sie gar nicht so genau wüssten, was sie im Depot haben. Dass sie sich auf ihren Bankberater verlassen würden.

Mir fehlt dafür jegliches Verständnis. Gerade wenn es um unser Geld geht oder sogar um unsere Altersvorsorge, sollten wir uns unbedingt die Zeit nehmen, genau hinzuschauen. Studien zufolge verwenden die Deutschen aber mehr Zeit auf den Kauf eines Neuwagens als auf ihre Altersvorsorge – was für eine grobe Fahrlässigkeit! Hoffentlich haben Sie bei der finanziellen Planung Ihres Ruhestands einen guten Berater. Die „Lehman-Oma" lässt Böses ahnen. Spätestens während der Krise im Jahr 2008 haben Anleger leider schmerzlich feststellen müssen, dass sie doch das eine oder andere Wertpapier besaßen, das sie nicht verstanden haben, dessen Risiko sie nicht kannten und das ihnen herbe Verluste beschert hat. Viele schauen nun genauer hin, andere sind immer noch im Blindflug unterwegs.

Selbst wer nur auf vermeintlich einfache Produkte setzt, kann einige unangenehme Überraschungen erleben, wenn er nicht genau hinschaut. Denn auch Einzelaktien können ganz schön kompliziert sein, zumindest wenn sich Anleger die Geschäfte der Großkonzerne genauer anschauen. Nicht jedes Geschäftsmodell ist so einfach wie das von Buffetts Schokoladenfabrik. Autohersteller beispielsweise bieten schon seit Jahrzehnten Finanzdienstleistungen an. Wer also in ein deutsches Automobilunternehmen investiert, kauft eine halbe Bank – oft wahrscheinlich unwissentlich. Doch der Anteil, den solche Geschäfte am Gesamtertrag ausmachen, kann immens sein.

Mit Porsche gab es vor einigen Jahren einen deutschen Sportwagenhersteller, der mehr Ertrag als Umsatz machte. Das lag vor allem an Geschäften mit Aktien und Optionen. Blicken wir zurück ins Jahr 2008: Porsche sorgt mit dem Versuch, Volkswagen komplett zu übernehmen, für Furore. Schon drei Jahre zuvor haben die Stuttgarter angekündigt, mit rund 20 Prozent beim weitaus größeren VW-Konzern einsteigen zu wollen. Doch Porsche will mehr. Im Frühjahr 2008 gibt der Porsche-Aufsichtsrat grünes Licht, den VW-Anteil auf mehr als 50 Prozent aufzustocken und damit Europas größten Autobauer zu einer Tochter von Porsche zu machen. An der Börse spekulieren institutionelle Investoren zu diesem Zeitpunkt auf fallende VW-Kurse. Doch im Oktober kommt der Paukenschlag: Porsche hat sich über spezielle Optionen bereits fast drei Viertel an Volkswagen gesichert, verkündet der stolze Sportwagenbauer. Die Optionen sichern Porsche bei einem späteren Aktienerwerb einen festen Preis. So kann er sich heimlich Aktien sichern, ohne dass der Kapitalmarkt oder die betroffene Firma es merkt. Nach Bekanntwerden schießt die VW-Aktie auf mehr als 1.000 Euro hoch: Hedgefonds, die beim Handel mit geliehenen Aktien auf fallende Kurse gesetzt haben, müssen die Papiere nun um jeden Preis zurückkaufen und setzen dabei mehrere Milliarden Euro in den Sand. Der Wert der Optionen, die Porsche in den Büchern hat, hingegen steigt und steigt.

Wie die Geschichte ausgeht, ist bekannt. Porsche hat sich völlig verhoben, gerät in finanzielle Schwierigkeiten und die Wolfsburger drehen den Spieß um. Heute ist Porsche ein Teil des VW-Konzerns und nicht anders herum. Mit Autoverkauf hatten die Finanzgeschäfte, die Porsche damals einging, um sich VW einzuverleiben, nicht viel zu tun. Die wenigsten Aktionäre des Sportwagenbauers dürften die Geschehnisse verstanden haben. Natürlich ist das ein Extremfall. Solche Kapriolen gibt es selten, noch seltener bringt sich ein Konzern mit derartig waghalsigen Finanztransaktionen an den Rand des Ruins. Es zeigt aber, dass Unternehmen auch fernab ihres Kerngeschäfts aktiv sind und Risiken eingehen.

Die Frage ist nun, ob es möglich ist, in einzelne Aktien von global aufgestellten Unternehmen zu investieren und allumfassend zu verstehen, wie die Erträge erwirtschaftet werden und wo die Risiken des Geschäftsmodells liegen. Unterstellen wir einmal, dass das möglich ist, dann ist jeder Anleger Experte für die Automobilindustrie, den Bank- und Versicherungsbereich, die Telekommunikation, die Chemie und nebenbei natürlich auch für die Stahlindustrie. Und das sind nur einige der Branchen, die beispielsweise im Deutschen Aktienindex DAX vertreten sind. Diversifiziert, also breit aufgestellt mit guter Risikostreuung, ist das Depot damit noch lange nicht. Dafür fehlen noch Investitionen in Wachstumsmärkte, Rohstoffe, Fremdwährungen und anderes.

Realistisch betrachtet ist es uns also nicht möglich, Unternehmen in der ganzen Tiefe auch nur ansatzweise zu begreifen. Doch vielleicht reicht es ja auch, das Kerngeschäft zu verstehen und zumindest grob zu wissen, wo noch Risiken lauern könnten. Die Recherchetiefe eines Warren Buffett werden Privatanleger sowieso niemals erreichen. Eine solch detaillierte Einzeltitelauswahl wird für sie vor allem bei den global aufgestellten Multi-Konzernen sehr schwierig, sie ist sogar unmöglich. Denn welcher Firmenchef würde schon einen ihm völlig unbekannten Kleinanleger durch sein Unternehmen führen und gar in seine Bücher schauen lassen. Unsere Recherche bleibt also zwangsläufig eher oberflächlich, wenn wir sie mit Buffetts Bemühungen vergleichen.

Auf einzelne Aktien zu setzen birgt also einiges an Risiko. Das müssen wir wissen, bevor wir in Nestlé, Apple oder die Deutsche Bank investieren. Börsenexperte Martin Weber hält übrigens wenig von der Einzeltitelauswahl. „Im Zeichen effizienter Märkte und als Anleger, der weniger zu investieren hat als Warren Buffett, sollte man die Finger vom Stock-Picking lassen", sagte mir der Professor von der

Universität Mannheim. „Breit diversifiziert in alle Märkte, am besten in Indizes, zu investieren, ist das Gebot der Stunde." Doch der Weisheit von Warren Buffett, nur in eine Aktie zu investieren, deren Geschäft man versteht, will er damit keinesfalls ihre Gültigkeit absprechen. „Wenn man schon den Fehler des Stock-Pickings machen möchte, dann lohnt es sich, diese Weisheit zu beachten, damit man nicht unreflektiert auf Modetrends hereinfällt."

Grundsätzlich bevorzugt Weber aber Index-Investitionen. Anleger sollten also auf ganze Märkte setzen. Dass der DAX sich aus den 30 größten börsennotierten Unternehmen der Bundesrepublik zusammensetzt, ist den meisten Investoren bekannt. Da Anleger durch ein Index-Investment relativ breit streuen, ist es für sie auch nicht essenziell, was jedes einzelne Unternehmen im Detail macht. Es kann ausreichend sein, eine Meinung zur deutschen Wirtschaft zu haben – und eine sinnvolle Risikostreuung innerhalb des deutschen Aktienmarkts gibt es bei einer Investition in den DAX gratis mit dazu.

Auch bei der Index-Anlage gilt es, einfache, leicht verständliche Produkte auszuwählen. Es ist entscheidend, dass der Investor weiß, wovon seine Vermögensentwicklung beeinflusst wird und wo Risiken lauern. Indexzertifikate bergen das bereits genannte Emittentenrisiko, bei ETFs ist das investierte Geld im Falle der Pleite des Emittenten, also der herausgebenden Bank, geschützt. Wir müssen uns deswegen nicht nur genau anschauen, in welche Aktie oder welchen Markt wir investieren, sondern auch das Produkt genau unter die Lupe nehmen – je einfacher, desto besser und oft auch günstiger. Ich persönlich setze auf einen Mix von Einzeltiteln, aktiv gemanagten Fonds und ETFs.

Warren Buffett mag es einfach und verständlich. Fonds oder ETFs sind allerdings nicht gerade seine Favoriten. Von strukturierten Finanzprodukten hält er sowieso nicht viel – auf dem Höhepunkt der

Finanzkrise bezeichnete er sie sogar als Massenvernichtungswaffen. Einfache Unternehmensbeteiligungen über Aktien sind sein Metier. Mit seiner Strategie ist er in den vergangenen Jahrzehnten sehr gut gefahren. Egal, für welche Anlage sich Investoren also entscheiden, Hauptsache, sie wissen, was sie tun. Eigentlich eine Selbstverständlichkeit. Und deshalb ist Buffetts Anlageregel auch so wahr.

Einen seiner ersten großen Deals hat er übrigens einmal als einen schweren Missgriff bezeichnet: Im Jahr 1962 begann Buffett, Aktien des maroden Textilproduzenten Berkshire Hathaway zu kaufen, einer heruntergewirtschafteten Textilfirma in New Bedford, Massachusetts. Im Mai 1965 erlangte er die Kontrolle über den Konzern. Auf den ersten Blick schien alles zu passen. Das Unternehmen, das in seiner Glanzzeit rund ein Viertel der amerikanischen Baumwollproduktion verarbeitet hatte, notierte weit unter Buchwert. Buffett mochte das Management, trotzdem blieb die Firma ein Verlustbringer. Bis 1985 versuchte er, dem Konzern wieder auf die Beine zu helfen, dann stellte Berkshire die Produktion ein. Der Name Berkshire Hathaway steht heute dennoch für großen Erfolg, denn Buffett baute das Unternehmen zu seiner Beteiligungsholding um. Von schrumpfenden Märkten lässt Buffett seit diesem Fehlgriff die Finger, auch wenn die Börsenbewertung noch so verlockend sein mag. Der Baseballfan hat erkannt, dass selbst ein gutes Management in einem ausgereizten Geschäft nichts ausrichten kann.

Noch ein weiteres Mal schien es so, als hätte den Superinvestor mit dem goldenen Riecher das Glück verlassen. Damals, während des Internetbooms um die Jahrtausendwende, stiegen alle Kurse, nur nicht der von Berkshire Hathaway. Im Gegenteil: Er stürzte sogar ab und der erfolgsverwöhnte Buffett erntete harsche Kritik von seinen Investoren. Doch er blieb stur, betonte gebetsmühlenartig, er stecke kein Geld in Firmen, deren Geschäft er nicht verstehe.

Und von Hightech habe er eben keine Ahnung. Das brachte ihm viel Spott ein. Als die Internetblase platzte, verstummte die Kritik. Wieder einmal hatte Buffett ein gutes Händchen bewiesen.

Achten Sie künftig auf den Mann aus Omaha, er ist clever, und auf ihn zu hören schadet sicher nicht. Sein Rat, nur zu kaufen, was wir auch kennen, ist der wichtigste überhaupt. Auf einen Tipp von Freunden oder den Rat des Bankberaters zu hören ist zu wenig. Nur eine Seite in einem Anlegermagazin oder ein längeres Stück im Wirtschaftsteil der Tageszeitung zu lesen reicht ebenfalls nicht, um eine Anlageentscheidung zu fällen. Leider kenne ich viel zu viele Menschen, die trotzdem genau so handeln. Und ehrlich gesagt war ich früher auch so. Ich erinnere mich ungern an meine Neuer-Markt-Erfahrung. Ich habe die gängigen Börsenheftchen gekauft, deren Inhalt inhaliert und gehandelt. Doch bevor wir unser Geld in ein Unternehmen investieren, sollten wir ein paar mehr Informationen aufgenommen haben, als auf eine Doppelseite in einem Anlegermagazin passen. In Zeiten des Internets gibt es unzählige Quellen, die es zu durchforsten und zu lesen lohnt.

Und ab und zu sollten wir auch noch einmal die alten Bücher und Artikel von und über Börsenaltmeister André Kostolany, Starinvestor Warren Buffett und andere bekannte Börsianer lesen. Sie waren und sind nicht ohne Grund so erfolgreich.

# Glossar

**Asset Allocation**
Die Aufteilung (Allokation) des Kapitals auf verschiedene Anlageklassen (Assets) wie Aktien, Anleihen, Renten oder Immobilien nennen Experten Asset Allocation.

**Börsengehandelter Indexfonds**
Passive Fonds, die die Entwicklung eines Index wie beispielsweise des deutschen Aktienindex DAX eins zu eins abbilden, heißen im Börsendeutsch Exchange-Traded Funds, kurz ETFs. Börsengehandelte Indexfonds sind besonders günstig, da auf ein Fondsmanagement verzichtet wird.

**Briefkurs**
Preise, zu denen Makler Wertpapiere verkaufen, heißen Briefkurse, oftmals auch nur Brief.

**Buchwert**
Der Buchwert eines Unternehmens entspricht im Wesentlichen dem bilanzierten Anlagevermögen, also der Summe der immateriellen Vermögensgegenstände, Sach- und Finanzanlagen. Er gibt die Substanz eines Unternehmens wieder.

**Diversifizierung**
Risikostreuung ist bei der Geldanlage Pflicht. Anleger sollten ihre Anlage über verschiedene Anlageklassen wie Aktien, Anleihen, Rohstoffe und Immobilien, aber auch über verschiedene Risikoklassen wie etwa Wachstumsaktien und Dividendentitel streuen. Breit diversifizierte unsystematische Depots schützen vor Risiken.

**Dividendenrendite**
Teilt man die Dividende durch den aktuellen Aktienkurs multipliziert mit hundert, erhält man die Dividendenrendite. Sie gibt die Verzinsung des investierten Kapitals in Prozent an.

**Emittentenrisiko**
Zertifikate sind rechtlich gesehen Anleihen. Fällt der Emittent, der als Zahlungsgarant hinter dem Papier steht, aus, ist das investierte Geld weg. Im Gegensatz dazu sind die Bargeld- und Vermögensbestände eines Fonds Sondervermögen und müssen strikt vom Vermögen der Investmentgesellschaft getrennt werden. Meldet sie Konkurs an, ist das Fondsvermögen geschützt.

**Exchange-Traded Fund (ETF)**
Siehe „Börsengehandelter Indexfonds“

**Geldkurs**
Preise, zu denen Makler Wertpapiere kaufen, heißen Geldkurse, oftmals auch nur Geld.

**Home Bias**
Die übertriebene Heimatliebe der Investoren nennen Experten „Home Bias“. Das Phänomen, vor allem in heimische Aktien und Anleihen zu investieren und damit die Heimat im Depot stark überzugewichten, ist nicht nur in Deutschland zu beobachten.

**Kurs-Buchwert-Verhältnis (KBV)**
Um diesen Wert zu errechnen, müssen Sie den Kurs der Aktie durch den anteiligen Buchwert dividieren oder aber die Börsenkapitalisierung durch den gesamten Buchwert – das Ergebnis ist dasselbe.

Je niedriger das Kurs-Buchwert-Verhältnis, kurz KBV, desto preiswerter ist die Aktie. Ihr fairer Wert entspricht in etwa dem Buchwert, also einem KBV von eins. Auch diese Kennzahl müssen Sie natürlich nicht selbst berechnen, Sie finden sie leicht im Internet.

**Kurs-Gewinn-Verhältnis (KGV)**

Das Kurs-Gewinn-Verhältnis (KGV) ist eine Kennzahl, die uns zeigt, wie viel ein Unternehmen pro Anteilschein verdient. Das KGV lässt sich ganz einfach bestimmen, indem Sie den Aktienkurs durch den Gewinn pro Aktie teilen. Auf das gleiche Ergebnis kommen Sie übrigens, wenn Sie die Marktkapitalisierung des Unternehmens durch den Unternehmensgewinn dividieren.

**Pennystocks**

Als Pennystock bezeichnet man eine Aktie, die unter den Wert von einem Euro gefallen ist. Der Begriff stammt aus dem Amerikanischen, wo ein Pennystock weniger als einen US-Dollar wert ist.

**Spread**

Die Differenz zwischen Ankauf- und Verkaufskurs, also zwischen Geld- und Briefkurs ist der Spread. Je aktiver der Handel mit einem Papier, desto geringer der Spread – und umgekehrt.

**Value**

„Werthaltige“ (Value-)Aktien zeichnen sich durch einen niedrigen Buchwert, ein niedriges Kurs-Gewinn-Verhältnis und eine hohe Dividendenrendite aus – im Gegensatz zu Wachstumsaktien (Growth-Aktien) die einen hohen Buchwert, ein hohes KGV und eine niedrige Dividendenrendite haben. Warren Buffett ist einer der bekanntesten Value-Investoren.

208 Seiten,
gebunden mit SU,
24,90 [D] / 25,60 [A]
ISBN: 978-3-86470-096-5

## Andreas Franik (Hrsg.):
## Die Börsendinos: Rettet die Aktie!

Die „Börsendinos" – das sind Dr. Friedhelm Busch, Hermann Kutzer, Dr. Bernhard Jünemann, Stefan Riße und Raimund Brichta – fünf der renommiertesten und beliebtesten Börsenjournalisten Deutschlands. „Rettet die Aktie!" ist ein Weckruf für die Aktienkultur in Deutschland und ein spannendes Lehrbuch für Anleger gleichermaßen.

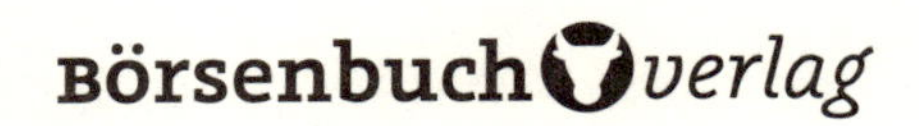

Alexander Natter:
**Crashkurs Zertifikate**
200 Seiten, broschiert
17,90 [D] / 18,40 [A]
ISBN: 978-3-938350-43-0

Alexander Natter:
**Crashkurs Fonds**
192 Seiten, broschiert
17,90 [D] / 18,40 [A]
ISBN: 978-3-938350-41-6

Für die Crashkurs-Reihe haben eine Vielzahl namhafter Börsenexperten zur Feder gegriffen. Ziel der Serie ist es, Anlegern verschiedene Teilgebiete des komplexen Themas Börse nahezubringen. Jeder Titel stellt eine abgeschlossene Abhandlung über die Grundlagen eines Teilbereichs der Börse dar. Dabei haben wir Wert darauf gelegt, Praktiker zu Wort kommen zu lassen. Hier schreiben also Anleger für Anleger. Die Serie wird laufend fortgesetzt. Fragen Sie im Buchhandel oder direkt bei uns nach!

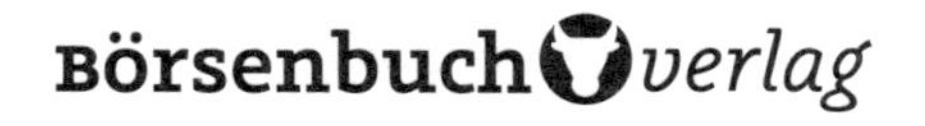